* *lifestyle* | 时尚生活

中信出版社
北京

contents

目录

第2篇　嘿，兄弟 059

contents

目录

contents

目录

引言

我宝贝女儿潜在追求者的尊贵双亲们
诸位少男少女的尊贵父母们
诸位想要追我的笨蛋们

就像我所写的那样，我特别关注我6岁女儿的未来，尤其是她和男人的未来。她相信牙仙[①]的存在，相信喂养的宠物可以说话。她常常做着芭蕾舞者、奥运冠军或者白衣天使的美梦。她几乎从未悲伤过。即使在异性问题上，她也充满乐观。她打算嫁给一个5岁大的名叫欧文的小男孩，只是因为他的名字和罗恩（Rowan，她的名字）是押韵的。但不幸的是，我的女儿终究要长大，某一天她会知道我就是那个所谓的牙仙，她的宠物也根本不会讲话，而且她真的要开始约会了。约会！上床！结婚！我们谈论的可是现实!!!

所以请你听我把话说完。或许有一天，我的女儿会和你的儿子约会，甚至可能发生关系。（那么你和我呢？或许会成为亲家！这是不是很有意思？）我6岁大的女儿将会意识到押韵的名字并不足以支撑持久、健康、幸福的感情。

也许是因为我是个单亲妈妈，或许正是这个原因，让我更容易注

① 牙仙是美国的一个民间传说，孩子们相信如果把脱落的牙齿藏到枕头下，牙仙晚上就会趁他们睡觉时把牙齿拿走，并留下孩子们希望得到的礼物，实现他们的梦想。——译者注

意到约会对象的粗俗无礼、缺乏教养。我曾经在拜访已婚闺蜜时，留意到她们的丈夫是如何对待她们的。我的闺蜜无一不对我大倒苦水，控诉她们的老公那些令她们难以忍受的种种恶行。我有时问她们：“这些男人难道想成为你们孩子的学习‘榜样’吗，说不定这些小孩中就有人会和我女儿约会？”或者问：“你怎么能嫁给这个家伙，还要和他一起生活？”

和我的闺蜜一样，我也未能独善其身。我会允许生命中的男人做一些我禁止6岁女儿做的事。而且除了曾经对这些男人大喊大叫外，我真的毫无办法能够让他们明白他们的行为是多么让人不可接受。我就和这群男友一样，稀里糊涂、懵懵懂懂。

这并非“我是个单身的可怜虫”式的喋喋不休的满腹牢骚。事实上我真正单身的日子屈指可数。（或许是我放低了标准哦！不过事实上也的确如此，所以我才要潜下心来写这本该死的书！）尽管如此，在和每一个男友交往期间，我都会像对待宝贝疙瘩一样全心全意地爱着他们。只是在我深爱他们的同时，他们令人发指的所作所为最终惹怒了我。他们身上（缺乏教养）的行为举止可不仅仅是翻翻白眼而已。他们的恶劣习惯、粗俗无礼、缺乏教养一次次挑战我的忍耐底线，令我抓狂，逼得我几乎要当面大骂他们一通：“你们怎么可以这么做？你们究竟是哪里出毛病了？”当然我并没有真的这么说出口。

我被这些男友的行为彻底激怒，对男人油然生出厌恶之感。当你开始讨厌跟你约会的男人，或者遭天谴的、你原本打算嫁的那个人……好吧，我只想说这实在是很糟糕。甚至可以说是非常非常糟糕。在见过一两次面后，如果那个家伙答应打电话却根本没打或者允诺准时见面却总是姗姗来迟，那么这个家伙很可能不值得你去守候。如果你不打算抛弃这个结婚对象，那么你就得忍受他的言而无信。

如果他总是迟到，这会破坏两人的婚姻大计吗？其实倒不见得，而且可能完全不是那么回事。我的男友都很喜欢我，即使他们完全稀里糊涂。但是他们真的很爱我。我有证据！

下面这首小诗就来自其中的一个家伙，而且是亲笔写在稿纸上的呢！很甜蜜哦，所以我一直保存着。(补充一句，将来某一天他有可能名扬四海哦！)

能够遇见你是我的荣幸

没有了你我如何活下去

倘若有一天我不得不离开你

我仍然是你生命中的一部分

看到了吗？多么情真意切！另一个男友在我们热恋期间，为我写了下面的话——这只是他写给我的长诗短句中微不足道的一个：

你是我生命长河中上天赐予我的最珍贵的礼物。

看看，够甜蜜吧，字里行间可见他们的款款深情。可是我爱他们却爱得着实艰难！当我的男友在某些方面（可以说是很多方面）表现得甜蜜温馨时，他们会在其他更多方面表现得恶劣、粗俗、无礼。如果你已经结婚或者谈过一段恋爱，你应该知道我所说的是什么。

短短一个星期内发生的一些事情，让我萌生了写这本书的念头。首先，是在我出去购物的时候。我有个男友（哈哈！），当时我们已经进展到这个阶段——他经常住在我家里，我对他极其体贴，总会给他无微不至的关怀（重点是伺候好他的胃）。我的理想情人不仅要陪我看电影、吃吃饭、做做爱，而且还要能够陪我逛街购物！我相信跟我的爱人一起逛街一定非常浪漫。还有比一起逛街更像家庭生活的吗，你说是不是？但是就是那个写过“没有了你我如何活下去”的男友突然就想丢下我。我说的不是别人。（难道还有其他人曾在杂货店那种地方被丢下吗？真有意思。）我的男友在收银台那儿离我而去，丢下我一人，连带着我那推都推不动的满满当当的购物车，而他的理由只是想去附近的专卖店买件T恤。听到这里你可能忍不住要骂脏话了吧，还以为是多么了不起的大事呢！但事实就在眼前，我的心也被狠狠地刺伤了。曾记否？我们一起计划了这次购物之旅。尤其要说的是，大多数的东西都是为了满足他的需要。脱乳糖牛奶？他的！隐形眼镜护理液？呃，不要忘记我需要戴眼镜！难道我的男友认为我会独自一个人兴致盎然地卸下这些物品吗？难道他会认为没有他的帮忙我能轻松自如地运回家吗？难道他想让我一个人把账全结了？我真想弄明白他的脑袋里装的究竟是个啥。他有一丝一毫想过我吗？（我脑海中闪现的是："你把我一个人丢下真是开国际玩笑！"）于是我冲他大吼出来："你把我一个人丢下真是开国际玩笑！"他看着我，一头雾水，好像在说："有什么大不了的吗？"

显而易见，我们为杂货店的事情发生了激烈的争吵。

没错。有什么大不了的？

就在前几天，我好友的丈夫在他们要登机前将她一个人丢在了飞机场。（千真万确。我都没脸讲这事。）她原本打算去外地参加为期三天的商务会议，她丈夫也被邀请了。好友的丈夫也很爱她。他们已经有了一个小孩，而且刚刚买了一栋气派的别墅！在公开场合，他们总是十指紧扣、大秀恩爱。他只是不想排那漫长的队伍去接受安检。当他看到长龙一般的队伍时，他实在难以忍受，就像在星巴克放弃排队购买咖啡一样。噔噔噔，他华丽地转身打了个车直接回家了。我的好友给我发了一条短信："计划有变。"她看起来还没发疯——很可能是由于还要到外地出差的缘故。但是正如你所猜测的一样，你信或是不信，他就是那样，拥有一种与生俱来的缺乏耐心的行事风格。她嫁的似乎是一个不愿排队和她同行的家伙。（没错，请你花一些时间来消化这个事实。我就是这样做的。）

在遭遇杂货店那件事的当天晚上，我怀抱着女儿（依然呈遭受重大打击垂头丧气状），禁不住想："我会忍心让我的女儿跟一个丢下她一个人去付款、去拎大包小包的人交往吗？"还有："我会让我的女儿嫁给一个只是因为队伍排得长就抛下她一个人在机场的男人吗？"答案显示是：不！绝不！随后发生的事情就像冥冥之中安排好的……

第二天早上我送女儿去上学。要把孩子送到教室的话，家长们都要乘电梯上去。我站在后面，等着最后一个走出去。但结果却是……

"请您先走。"一个衣着得体的男孩摁着电梯按钮对我说。

我跟他表示他先出去没关系的，我不介意。

"不，"他彬彬有礼并坚定地重复道，"您先请。"

我感谢了这位衣着得体的先生，健步走出电梯，不由得心生感慨："多么彬彬有礼的绅士啊！"

更别提他还不是一个成年男人！他只有6岁！他和女儿一样都上一年级！这就是我梦想着女儿有一天约会的对象类型。见鬼，这也是我想要交往的类型！

我真是好奇，一个在这个星球上仅仅生活了1825天，甚至还不会看时间的男性是如何懂得替我打开电梯让我先走的呢？不到一周前，我还得提醒我40岁的男友（他在这个星球上已经待了15000多天了），我对他不声不响穿过人流丢下我一个人在街这边或者承担因追赶他而有可能被车撞的巨大风险深恶痛绝。一个6岁的小男孩比所有和我交往过的已过而立之年的男友都礼貌得多，这究竟是怎么一回事？

那天下午晚些时候，我跟一位颇具巴西风情的、婚姻美满的、风趣幽默的理疗师海伦娜有约。就像她的很多客户那样，我将在交往中积累的怨言一股脑儿倾诉出来。我跟她说了杂货店插曲。她看起来没那么震惊。

“所有男人都会被动地等着别人告诉他该干什么。”她说道，这句话让我快要抓狂。

“但是我都有了小孩了呀，”我嘟哝着，“我既没有时间也没有能力去告诉一个成年男人该做什么，该怎么做！我6岁的时候都比我现在的男友有礼貌、有教养！”

各位亲爱的读者朋友，直到此刻我才恍然大悟。我刹那间意识到多年来我应该做什么。我那抱怨丈夫粗心大意的已婚好友以及不满男友无知作为的好友也应该尝试做同样的事情！

“哦，我的天！”我对着海伦娜大叫起来，“我需要饲养男友！”

“是的，亲爱的！”她说道，“你需要这么做。”

其实这一切很好理解！毕竟，当我女儿令人恼火、不守规矩或者对我不理不睬时，我会想方设法纠正她。当我的女儿张大嘴巴咀嚼、吃东西挑三拣四或者需要被人提醒才去刷牙时，我不会跟她断绝关系。我会循循善诱地去教导她。我会培养她去学习并成为一个更优秀的人—— 一个能分辨是非的人！

好像上帝已经洞悉了一切并以海伦娜的话来提醒我一样，几天后我收到了女儿的期中成绩单。她的成绩单上解释了老师是如何给学生评分的。

A：表示各方面的表现出乎意料地优异；

B：表示各方面的表现如预期般良好；

C：表示某些方面取得了一些进步，但仍需要协助；

D：表示很少或根本没有进步，面临异乎寻常的困难，需要协助。

好吧，亲爱的读者，我想请教你：你现在会给男友评多少分呢？鉴于你去年没看到成绩单，你会给你丈夫去年的表现评多少分呢？你期望正在和你交往的男友获得哪个分数？我女儿大部分都是B，意味着她“各方面的表现如预期般良好”。（因此我一定是在做正确的事！）

但是硬要我给过去几个月的男友打分的话，基于他的态度、努力，我会给他C，甚至D，这意味着他“很少或根本没有进步”，而且他“面临异乎寻常的困难，需要协助”。他在“交往”这张成绩单上亮出了一个惨不忍睹的分数，这是肯定的。我在想我是不是应该教教他。我想知道我的男友是不是有特殊需要。

但是这本书并不局限于谈论这些混账男人，真正的目的是想告诉全天下所有女人，在饲养男友、恰如其分地表达我们的所求时，作为女人的我们也同样是愚钝无知的。我可以轻而易举地让女儿说出“请”“谢谢”并且不带脏字，但是我从来没有胆量告诉我生命中的男人们去说这些“极具魔力的词语”或者不说脏话。我的女儿告诉我她一直都会爱我，但是好友的丈夫甚至都没有给过我一句赞美。所以因为男人的愚蠢我们就放弃他们？我认为不该这样做，因为如果这样的话，那我的女儿就要形单影只……一辈子了。

不，我们要像养育我们的孩子一样来“饲养”他们，但不要表现得像母亲一样。

我认为如果我能养育我的女儿——一个聪明伶俐、彬彬有礼、善解人意的小姑娘——我当然也能够饲养男友。所以请你拿出荧光笔，取出便笺本，做上小标记，因为我们要一起开始这段旅程啦。本书网罗了心理医生弗洛伊德（他每小时收费200美元，也使得这本书价值数千美元！）和理疗师海伦娜（她经常听到女人们的抱怨）独家提供的情感攻略，以及我的众多男人心揭穿术：极品男友的真心话大拷问（是的，我确实让他们查找原因了），更有一众好姐妹、好闺蜜现身说法、口述绝对隐私，她们极为迫切地需要饲养她们的交往对象，我们的终极目标就是将我们生命中的男人培养得“各方面的表现出乎意料地优异”或者至少“各方面表现如预期般良好”。

我们打算饲养他们，如果不是为了那些对男人厌倦并绝望的女人，或者是为了我自己（对我的男友厌倦并失望至极），那么至少是为了我那美丽聪颖、长着一双褐色眼睛的6岁女儿，她终有一天要去约会。她理应得到最好的，你的孩子或后代也一样。就像我上面所言，如果我能养育小孩，饲养男友又有何难！

你的朋友　丽贝卡

附：和男人逛街购物并非更有乐趣，即使你深爱着他，即使他没有在收银台丢下你。这依然很烦人。这依旧令人讨厌。

第1篇 喂，帅哥

（倾听技巧/口头表述/清晰表达）

步入婚姻殿堂之前，你的真命天子宣誓
他甘愿为你献出生命；步入婚姻殿堂之后，
他甚至不愿放下小报和你说会儿话。

——海伦·罗兰

没人愿意倾听你，直到你放了一个响屁。

——佚名

1

这么容易的问题男人咋就这么难回答

说起男女交往这个热门话题，各种媒体上总会蹦跶出大大小小的婚恋专家，他们总是无一例外地告诉你，沟通是维系健康、持久关系的关键。我真想让这些不食人间烟火的所谓“专家”们走下神坛，到现实中走上一遭，让他们和我的那些前男友们相处相处，看看他们能忍耐多久。我敢打包票！绝对不会超过一秒。毕竟，沟通是双向的良性互动，而不是一个人在那儿自说自话。我有一个前男友很爱聊天。他太能聊了，以至于我不止一次说他入错了行，他天生就是一个做教授的料，如果真是那样的话搞不好他会滔滔不绝地连讲数个小时，令听众不堪忍受。但就是这个男人，在和我单独相处时却能好几个小时沉默不语，真是太有趣了。（我俩都是拖拖拉拉的人。）他或许是我见过的最聪明的男人，这也是他吸引我的一个原因。但是在基本问题的回答上，却完全是另一番景象，这时的他或许是我这辈子见过的最笨的一个。有时候，我们打电话聊天就是一个异常痛苦的过程，老实说我宁愿光着身子，全身涂满蜂蜜，躺到蚁丘上去。要想让他回答清楚一个极其简单的问题也会比登天还难。不信吗？那就摘一段我们的对话实录让你开开眼：

我：你昨天晚上干吗去了？

他：哦，我出去了。

我：哦，你出去了。去哪儿了呀？

他：就是去好几个地方转了转。

我：哦，好几个地方？哪些地方啊？

他：就是去了几个酒吧。

我：哪个酒吧啊？

他：就是市中心的几个酒吧。

我：跟谁去的？

他：就是几个朋友。

我：哪几个啊？

他：就是×××、××、×××（最好的几个朋友的名字）。还有其他几个人也一起去了。

我：其他都有谁啊？

他：就是碰巧遇到的几个人。

我：玩得开心吗？

他：蛮好的。

我：好吧……（心里悄悄地想去把他的或者我的指甲一个个拔掉。）

怎么样？我没说错吧，看看我提的那些问题，感觉自己絮叨得像个女王，又或者俨然一个心生妒忌的泼妇。但事实上，我一点儿也不关心他去哪儿了，和谁一起去的。我一点儿也不嫉妒。我只是想聊天。我介意的是他能够复述每一场"历史战役”的整个过程，但是却不能回答大多数极其简单的问题。（好吧，我承认，我的这些问题有5%是出于女王似的絮叨或者心生妒忌，但是95%是由于我对他究竟干了什么确实兴趣浓厚。就像他们说的，我就是在“没话找话”。）你是不是觉得，他不善于行骗，他有极高的道德修养，所以他不会工于心计随便编两个故事讨你欢心，这就是他一贯的行事方式，是本色的体现。但是我要问你了，为什么男友就不能回答我“昨天晚上干吗去了”？而且，任何一个女人问她的男人：“你昨晚干吗去了？”回答起来不应该很容易吗：“我和吉姆、鲍勃一起去福克斯酒吧了，我们在那儿吹吹牛、说说比赛、聊聊政治啥的。玩得开心极了。”(如果他还想表现出对我无微不至的关怀，完全可以加上一句：“宝贝，整个晚上我都在想你。”不过这个我就不指望了。)想不通啊，怎么男人情愿将我们变成调查员也不愿说几句这么简单的话?

我有许多好姐妹、好闺蜜，她们和丈夫之间也出现过同样的问题。其中一个朋友是这样描述她的丈夫的：“我会告诉他我自己的每一次动向。但是他在彻夜狂欢回到家后却对我的询问置之不理。我只是随口问问，并不想查个水落石出。”（而且我的朋友跟我完全不同，她根本就与嫉妒这个词绝缘。她只是想和丈夫搭搭话而已。）

另一个朋友的询问总是会得到她丈夫“你刚才说什么”这样的回应，每次她都感觉受到了愚弄。“我会问他：‘昨晚下班后你去哪儿了呀？’他马上答道：‘你刚才说什么？’好像成了他的本能反应。我知道他在听。但是即使他是完全无辜的，可是看起来他总是能弄出点儿事来。似乎他就是不由自主脱口而出的。”还有个朋友10年来从未从丈夫口中得到爽快的答复，最后她不得不放弃了提问。“我只能取而代之去读他的电子邮件了。”她承认道。看到了吗？这个实在不怎么样。我们女人可不想仅仅因为你自己不能亲口告诉我们昨晚去哪儿了就去电子邮件里探秘。你也不想让我们成为那样的女人，是吧？

事实上，许多女性朋友看起来在基本的沟通和交流上并不擅长，特别是当她们的另一半下班回家时。我的一个好姐妹在她丈夫回家后这样问：“今天过得怎么样啊？”丈夫咕噜了一声算是回应。（看起来我还要幸运一些，我的男友至少回了一句“我出去了”，虽然只有可怜的4个字。）

我不是你老母！难道你不记得17岁时你是这样回应你妈妈的吗：“我打算去……和朋友们一起……你不认识他们……我不晓得要去哪里。”

嗯，我以前就是这样的。（对不起了，妈妈。）但你猜怎么着？

我们不再是17岁了，而且我显然不是男友的妈妈。所以不要让我感觉自己在做着妈妈才做的事。

有一些已婚好友可能要更幸运一些，因为她们的丈夫在回答当天过得怎么样时会回一句“很好”。然后他们就迅速摆脱她们，或者一屁股坐在电视机前，或者去家里的工作室。有一天我的好友和她丈夫打起来了，原因就是她问他“今天过得怎么样”时得不到任何回应。他朝我朋友足足吼叫了10分钟，大致意思是说他“上班的时候说了一整天话”，以及他“不想回答任何问题”。喂！我的朋友并没有问你一堆杂七杂八的问题，她仅仅提了一个小问题：“今天过得怎么样啊？”就像我问男友彻夜狂欢的事情一样，朋友问她丈夫当天过得怎么样时确实很在乎听到他的回答。她真的想知道他当天过得怎么样。他看起来不想回答很多问题，可是他却花了很长时间对我朋友大吼大叫，他本该直接回一句：“今天过得太漫长了。大会小会一大堆。”

如果要我给男友和好友的丈夫在回答基本问题这一项上打分的话，我会在人际交往成绩单上给个D。

不管我多少次冲他大吼大叫：“你为什么就不能回答这个该死的问题？”我的男友仍然岿然不动，他就是办不到。没错，他真该上一上男友补习班。但是我该做什么呢？显然，冲他大吼大叫于事无补。

情感问诊室：45分钟价值200美元的情感攻略（累计200美元）

弗洛伊德是我的治疗师，每个月我都要去他那儿两次。他的真名并不叫弗洛伊德，只不过我喜欢这样称呼他。（并不是冲他的长相，而是站在朋友的层面。）他是名心理医生，比任何人都了解我。每次45分钟的诊疗他会收200美元。不过有时候他真值200美元，有时候却没有。实际上，他每周5天，每天8小时处理形形色色的夫妻间的问题——男人们和女人们在他的办公室互相埋怨——这个工作他已经坚持了20多年了。他肯定知道一些处理夫妻关系的秘诀，因为这么多年他至少听说过。

我告诉弗洛伊德我男友的情况：虽然他爱天南海北地闲聊，可是在回答一些基本问题时却遇到了障碍，真是气死我了。弗洛伊德告诉我：如果你的男友含糊其辞或者回答里只有一个词，那么你需要与他坦诚相对，把你的想法和盘托出："听起来你似乎在敷衍我。一旦这样的话，会让我疑虑重重。而且我希望拥有一种开放、互信的关系。"他解释道，对于许多男人来说，含糊其辞（以及听起来小心翼翼）是一件可控的事情。男人，他进一步解释道，觉得他们的妻子或者女朋友"没有权利知道每一个细节"。所以女人应该坦露心扉。但是同时，弗洛伊德说，我们不应该再为了求得答案而穷追不舍。"当女人们得不到直截了当的回答时，她们很容易作最坏的假设。"他说的正确无疑。从我男友那儿得不到直接的回答不仅惹怒了我，还让我作了最坏的假设，即使他是值得信任的。（对于我那位要查看丈夫电子邮件的已婚好友也同样如此。）弗洛伊德说女人这样想也是出于人的本性，这意味着我对推托之词颇为恼火的反应是非常正常的啦。（耶！）

揭穿男人心：极品男友的真心话大拷问

就像跳探戈需要两个人一样，情侣之间的交往也需要两个人的互动，我决定回到我的前男友那儿——他们仍然愿意接听我的电话——去看看在我遇到难处向他们求助的时候他们的脑子里究竟是怎样想的。（事实上，我跟前男友的关系都不错，从某种意义上讲，是因为我不再和他们在一起，他们也不像以前那样惹我心烦。）我觉得听听男人的声音对于女人来说很重要，即使男人的观点是那么荒谬无知。我感觉听听他们的想法会让我们有所收获的，至少可以清楚他们究竟是怎么想的。这也是我的希望所在。所以我会问一个前男友——那个被问到为什么彻夜不归时总是三缄其口的家伙，为什么他不回答我的问题，要得到他的回答怎么就这么难。“我只是觉得这不关你的事。这会让我有幽闭恐惧症的感觉，感到自己不再是一个独立的个体，就是这样。就像从派对狂欢后一觉醒来，看到残留着一点儿啤酒的酒瓶。你不可能去喝它，因为你知道它变质了，味道就像屎一样。这种感觉就像被问‘你昨晚干吗去了？’，事已至此，木已成舟，我可不想再去回忆昨晚做了什么。而且，不管哪一个女孩问这样的问题，总是别有用心。不管问题的出发点多么无辜，女人们总是希望听到我们的声音。她们期望我们摔一跤，那就是她们想听到的全部——根本不是我们做什么了，而是我们的语气和口吻。至于你的已婚好友？好吧，如果男人丢下孩子彻夜未归，总会遭到妻子的怨恨。所以不要问我们昨晚干吗去了。我们都知道这个问题很沉重。更好的表达方式可能是：‘你玩得开心吗？’或者更好一点儿，就让它过去吧，什么也别问。”（究竟是我还是他让你呕吐了？）

完美丈夫大起底：凭什么他最抢手

如今，我新结识一个已婚的朋友，她对丈夫满意得很。她从未抱怨过、发过牢骚。她丈夫可以说是所有好丈夫和好男友的绝佳典范。他并不是一个“妻管严”。他只是深爱着他的妻子、他的家庭和他的生活。我“借用”了他，因为我想知道这样的男人是如何养成的，我和女性好友在我们那些C等级的男人身上所遭遇的问题，他是如何考虑的呢。“男人们真的不太爱聊天，但是他们需要认识到维系感情其实并不需要花太多精力，而且很容易，就像回答‘你今天过得如何’这样的问题一样简单。”他说。

女人帮女人：如何让他拜倒在你裙下

“男人不会回答基本问题，因为他们的头脑中空空如也。既然木已成舟，我们本该听之任之。但是我们却做不到。因为我们是女人！”海伦娜说。

女人新主张：DIY调教好男人

（让他们“各方面的表现出乎意料地优异”固然很好，但是首先还是从“各方面表现得如预期般良好”开始吧。）

1. 不要带有负面情绪地去问你男友或者丈夫昨晚干吗去了。尽量保持很平常的语调，避免听上去好像在审犯人或者对他的外出流露出不满。让他小憩一下，醒醒脑子，或者下班回到家先放松一下，然后再提你的问题。这样他的脾气就不会那么暴躁了。

2. 像对待朋友那样跟他交谈。“昨天晚上我在跟雪莉通电话，我们聊了聊她的工作，然后看了《明星伙伴》（*Entourage*）的重播。你做什么了？”假装你的丈夫或男友就是你最好的闺蜜，你正在迎头赶上。你是个女人！我知道你行的。

3. 开玩笑说你不是他的妈妈。你不介意他遇到多大的麻烦。以开玩笑的口吻说想跟他换换生活体验一下。

4. 如果你信念强大到不去问他，那就不要问好了。搞不好他会主动爆料哦。

5. 千万不要偷看他的手机去寻找蛛丝马迹。这只会让你更难受。（相信我。这是我的亲身经历、经验之谈。）

6. 如果你真的偷看了他的手机，那么什么也别说了，沉默是金。

7. 如果下次你出去了，那么考虑一下“角色交换”的游戏。你回答问题时也只说一个字，看他感觉如何。

2

拿起你的手机，给我回个短信吧！

有些人在意太多。我想这就是爱吧。

——小熊维尼

我生性焦虑。或许是由于身为单亲妈妈的缘故，我对女儿总是牵肠挂肚。我对她在一天中的任何时刻在什么地方一清二楚，无论什么时候我都可以很精准地找到她。但或许，我只是生性焦虑。因为焦虑，我想知道男友好不好。我想让男友多多关心我，难道不行吗？我说过，我也承认，我真心地希望男友能够多关心关心我。事实上，这有什么错呢？这不正说明我有多在乎他吗？当我期待男友给我打电话时，他们总觉得我是在“监视”他们。我只是想和他们多联络一次，三次，或许是四次。从某种意义上说，这是因为我就是在这样的氛围中长大的。比如，每次登机后，我都会在飞机降落前给爸妈打电话，而且一下飞机我会立刻再打过去。当我女儿大到足够单独旅行时，毫无疑问我会向她灌输这样的观念。如果她在外面过夜，毫无疑问在睡觉前我一定会关心确认一下，并且早上醒来的第一要事就是联络她。我不是要“监视”她。我只是在乎！

不幸的是，男人视那些经常询问他们的女人为唠叨者。显然，我犯了个大错，有一天晚上竟然叫我的男友在彻夜未归后给我发电子邮件说明。我当时不觉得这是什么大事。发一封电子邮件说一下：“刚到家。希望你做个好梦。明天再说，好吗？”太简单了吧。（之所以这样说是因为我打完这个句子只花了7秒钟。）

当然，我的男友没有给我发这封电子邮件。当然，我为此生气了。当然，我们随之发生了激烈的争吵。我问他：“你昨晚为什么没给我发邮件?”他的回答是：“我一整天都跟你在一起。这有什么大不了的？况且估计你已经睡着了吧。”是的，有什么大不了的？可是，其一，一觉醒来看到来自男友的邮件该是件多么幸福的事啊。其二，我想了解他的生活。其三，我很清楚写封邮件顶多花个7秒钟，可是他即使在我迫切要求的情况下却连这7秒钟都不愿意给我，这太伤我的心了。

“这快让我发疯了。”我的一个已婚朋友说起关怀她丈夫这件事，“我给他发了无数个短信，问他在哪儿，打算干吗去。当我问他为何不给我回短信时，他总会说：‘我和兄弟们出去了。’”我朋友并不相信她丈夫所说的“和兄弟们出去了”这个托词。她是个无妒忌心、踏实可靠的人。只是当他俩外出时，他随时都会接到来自“兄弟们”的电话。“那意味着什么？”她理所当然地问道，“他和我在一起时接‘兄弟们’的电话没问题，但是他和‘兄弟们’在一起的时候，就不方便接我的电话了吗？我想不通怎么会有这么无礼的行为。我是他的结发妻子啊！我们本该互相关心的呀。”

有时候男人们又会走向另一个极端，对老婆的关心又过于频繁了。“我丈夫每天给我打电话不下12次，”一个熟人告诉我，“如果他找不到我，就会变得像冲入烈火中的消防队员一样。而我则像‘我没接电话是因为我在外面和朋友吃饭’般理所当然。” 但是问题是他给她打得太频繁了。对于我们这些少有接到关怀电话的缺爱女人来说，丈夫整天都想跟自己聊天简直是童话中才有的美事。但事实上却并非如此。“我感觉就像：好吧，你打给我，整天都想和我聊天，但是一回到家，和我就没什么可说的了。”她抱怨道。

我的另一位朋友说她每天都会用电子邮件和丈夫联络，问问他关于孩子或者和房子、费用相关的事情。“他从不回邮件给我。从不。但是如果我问他晚上想吃什么时，只要一眨眼的工夫，就收到他的邮件了。”她说。

所以究竟是多少才算关怀的频率太高呢？什么时候你的期望会过高呢？我曾经谈过一段感情，在哪儿，有谁知道吗？我给男友打了太多电话了。给你生命中的男人打电话，太多和太少只是相对的。因为像大多数朋友一样，我在外面工作，我们整天通过电话和邮件进行沟通。我最好的女朋友有时一天要给我打12通电话，而我有时打给她要达到14次之多。可是如果与你交往的男友有固定的办公室和固定的工作，那么确定你给他打多少通电话算合适可能非常棘手。

我朋友的丈夫是个投资银行家，有一天她给他打了无数次电话都没接，后来他告诉她："别在工作时打给我。永远不要！""是他亲口说的：'别在工作时打给我。永远不要！'"她边笑边咬紧嘴唇，翻了个白眼。她有9个月在他工作时没有给他打过电话。那么他会打电话给她吗？"没有。"她回答。

我的另一个朋友也被她丈夫叮嘱了同样的事情。"他跟我说所有正在进行的小事都不要打电话烦他，除非发生紧急情况才可以。"你猜结果怎么了？我朋友在后院里被老鼠咬了。（这个我可没有编造！）"我知道得赶紧去医院，但是我害怕打给他，因为我不知道这个到底算不算大事，"她说，"坦白说那天早些时候他还在说我打电话太多，所以我没有给他打电话。我不想被人看扁，让人觉得我太娇气。被老鼠咬了算是件紧急的事情吗？老实说，我真不知道。不过，我真的想给他一点儿小小的惩罚。我的意思是，我被一只老鼠咬了，不得不去医院。我要让他因为不允许我给他打太多电话而内疚。我要让他因为我不得不自己一个人去医院而感到自责，因为这一切都是由于他告诉我不要给他打太多电话才造成的。"他确实感到内疚和自责了，所以一切又回到从前，她又可以不受约束地给他打电话了。"而且，有一天他告诉我如果遇到紧急情况一定要第一时间给他打电话，仅此一句，哈哈。"

情感问诊室：45分钟价值200美元的情感攻略（合计：400美元）

我告诉弗洛伊德我对关心男友的频率多高才合适很困惑。

坦率地讲，如果我跟一个家伙相爱，我可以每天联络他10次。而且不管他何时打过来，我都会接电话，所以为什么他不接我的电话呢？

“什么是知足？”弗洛伊德问道，“对有些夫妻来说，每天关怀8次绝不算多。但这个数字可能会吓到其他的夫妻。我曾经不止一次地听到女人们抱怨她们的另一半打电话太过频繁。”

当我向弗洛伊德抱怨我的工作狂男友对我关怀不够时，他建议我可以轻描淡写地说些诸如“如果你一会儿打给我，我会非常开心的。我喜欢听到你的声音”或者“即使你打电话过来只是打打招呼，那也是非常棒的。我很开心你能跟我聊一聊”之类的话。

记住当他们真的打来的时候，作为女人一定要大加褒奖一番，弗洛伊德说。“好比给他们口交？”我问道。“哦，丽贝卡，”他大笑起来，摇了摇头，“我想更多的是说‘你能打电话给我，我真是老开心啦’或者‘我很感激你能花时间跟我聊天’，或者在他回家后轻轻地温柔地吮吸或者轻咬他的嘴唇。”（或者帮他们吹一下？）

不过，我仍然想要一个精确的数字，一对情侣之间互相关怀最合适的次数。我直截了当地问弗洛伊德，一个女人每天给她的另一半打电话、发短信、发电子邮件的次数应该或者可以是多少。（记住我也曾和失业的男人交往过，他们有大把的时间打电话聊天，这和那些有固定办公桌固定职业的工作狂们当然大相径庭。）

“丽贝卡，”他的深情带着九分认真、一分怜悯，“只要不令人讨厌就行。”

我百思不得其解：“我花了200美元，我的心理医生就告诉我只要不令人讨厌就行？”但事实上，这还真的是一个明智的建议。不管何时想打电话，我要做的就是想一想：“我这样令人讨厌吗？”如今，不管何时想打给男友，我的耳边总会想起弗洛伊德的话：“丽贝卡，只要不令人讨厌就行。”你猜怎么着？现在的我经常会放下电话。

揭穿男人心：极品男友的真心话大拷问

我给前男友打电话，也就是那个不响应我晚上的关怀邮件的家伙。这次他没有在回答之前就打击我。显然，他也没有忘记那件事。“当女人想要你关心她时会说什么‘我想要上一秒就在你脑海中’之类的，真是令人讨厌啊。想要失去男友的捷径就是叫他关心你。”他说。（自始至终我脑海中浮现的都是他被“你的命根子太小了吧”惹恼的场景。）“现在如果你是在出差，事情就完全不同了。出差时问题多多，就像‘我丈夫在酒吧是不是有了艳遇？’，所以每晚入睡前你最好打个电话，”前男友继续高谈阔论着，“而且，当你打电话时，你是想联系上我们。对于女人来说迅速转换情绪很容易，不过对于男人，这就好像被从深海里拉上来，我们现在无法立即和你连上线。如果我们正在工作，我们不能让自己的情绪受到影响。所以如果你的丈夫或者男友正在工作，而你们已然同居，你打电话不是为了让他们带一盒牛奶回来，那就滚你妈的蛋。”（千真万确，听起来是不是令人作呕？你会和他约会吗？我就约过。）

完美丈夫大起底：凭什么他最抢手

我朋友的丈夫工作很辛苦。我问他如果妻子给他打电话，而且一天大概能有三次时他会怎么办。“只有两个人打我电话我会中断手中的活儿去接一下。我妻子就是其中之一，另一个是我妈妈。”他心直口快地回答。（给他打A，你没有意见吧？）

女人帮女人：如何让他拜倒在你裙下

“男人的关心总是不够多。老实说，大多数女人有时比其他人需要更多。那么好吧。给予我们关爱吧。关爱一下。我们是敏感动物，因为我们是女人！”

女人新主张：DIY调教好男人

1. 轻轻地告诉你的男人在一天当中你多么渴望听到他的声音，哪怕只有一分钟。他一定可以找出这一分钟。

2. 如果他果真打过来了，不要忘了表达你的谢意。下次看见他时，给他一个吻，感谢他能在一天的忙碌之中抽出时间关心你。他很快就会心领神会：只要记得关心你，肯定会得到奖励。

3. 记住小熊维尼的名言：“有些人在意太多。我想这就是爱吧。”再试着用你最甜美的声音说出来，有哪个男人能够拒绝呢？

4. 不要让你的电话和电子邮件惹人讨厌。在你打第二个、第三个乃至第四个电话或者发第二封、第三封乃至第四封电子邮件前，问问自己：“我想成为令人讨厌的人吗？”如果你还要想一想，那么你的行为很可能会令人生厌。你该停止做这种事了。

5. 你“骚扰”得越少，他给予的会越多。

3

礼貌用语……
男人真该再上一遍幼儿园，难道不是吗？

只要一个眼神，我女儿就心领神会了，不说“请”和“谢谢”就想得到苹果汁，门儿都没有。事实上，她很可能什么也得不到，除非先说“请”，跟着说“谢谢”。女儿学东西很快。因为多数时候当这个6岁的小可爱需要某样东西时，总会说“请”和“谢谢”。如果有人称赞了她，她会立即说声“谢谢”。在饭店点菜时，她会脆生生地问：“我能来份儿炸薯条吗？”为什么会这样呢？那是因为6岁的女儿知道礼貌用语。如何做到的呢？因为爸爸妈妈的潜移默化，孩子们在开始说话后也会跟着说“请”和“谢谢”。我已经把女儿培养成礼貌用语的依赖者。她小小年纪就已明白使用礼貌用语很绅士、很淑女。不管你有没有小孩，我敢打赌你不可能一辈子一直生活在与世隔绝的黑暗之中。你同样知道礼貌用语。当然，我的女儿还不能够独立思考，但是她足够聪明，知道使用礼貌用语会带来什么结果。因此男人们怎会不知道？为什么他们不能像我女儿一样彬彬有礼呢？

我6岁的女儿是这么做的……

“妈咪，我能要一根吸管喝牛奶吗？”我女儿问道。

“你说什么？”我回应道。

“请帮我拿一根吸管好吗？.”她立即纠正道。

我把吸管拿到她面前。

“谢谢。”她甜甜地笑着。

我曾经交往过的一个男友衣着考究、风趣幽默，而且家财万贯。我很喜欢他。有一次他邀请我晚上去他父母家赴宴以庆祝一个重要的犹太教节日逾越节（Passover）。我们的交往很顺利。他想要让我（以及我的女儿）在一个对于犹太人非常重要的晚上成为他的家庭成员。（一件大事。）提醒大家一下，当时我们的关系非常好，直到赴宴的那天下午他发给我一封电子邮件：“我父母叫你晚上带一根羊胫骨过来。你买得到吗？”“到底什么是胫骨啊？”你或许会问。好吧，胫骨就是逾越节餐桌上必备的一样东西。我男友是在下午两点发过来的。而晚宴6点就开始啦。现在让我们把这份临时通知先放一放。同时要放一放的还有，在逾越节这天找到羊胫骨比登天还难，除非你肉店里有熟人，但我没有。（在逾越节那天找羊胫骨就跟在圣诞夜找宠物玩具一样难。）我想说的是我男友让我找胫骨的说话方式。事实上，是他没有使用礼貌用语叫我恼火。如果他的邮件是这样写的："如果可以的话，请试着去找一根羊胫骨。万分感谢。"我本来至少可以尝试去做一下的。但实际情况是，他打搅了别人却连个"请"和"谢谢"都没有，让我实在提不起兴趣去做这件事。当然，我们也有关于胫骨的争吵，我们的感情也不是一成不变的，不过这些就此打住。他不明白为什么我做不了。他不明白礼貌用语对我的重要性。（从那以后，我意识到要他说出"请"或"谢谢"比登天还难。）

另一个我曾经认真交往过的男人在使用礼貌用语上更糟糕。（我不得不提醒你们，所有我交往过的男人都超过30岁了，有些远远超过30岁。）有一次我和闺蜜共进午餐，吃完要走的时候，我说："你知道的，我准备带一块三明治给迈克。"迈克还在我家等着我，当我为他点他最爱的熟食三明治的时候，满脑子想的都是他。

"你真是太好了，"闺蜜赞许道，"真是个称职的女朋友。"

是吗？我喜欢这么想。我真是太好了，但这其实也没什么大不了的。我已经到了饭店，只是为了三明治。不过说真的，我真是一个称职的女朋友。（我会在交往的成绩单上自评A，因为我深爱男友而且为他做过很多贴心的小事。）

不一会儿，我就到家了，含情脉脉地注视着品尝三明治的迈克。我一边等着一边看着，一边看着一边等着。他好像一周没吃饭似的，风卷残云地吃完了三明治。我一边等着一边看着，不断地想："他没说谢谢。"我递给他三明治时，他没有说；他吃完三明治时，也没有说；他扔掉包装纸大呼"吃得真过瘾"时，更没有说。

我瞪着他看。

"你为什么这样看着我？我脸上有芥末还是怎么的？"他问道。现在，如果他是我的女儿，那么就很容易开口了："当别人为你付出时你该说什么呀？"事实上，我女儿在我递给她三明治时，如果没有说声"谢谢"的话，那她想吃到三明治连门儿都没有。但是我实在无法对我的男友、已然不惑之年的成年人说："你知道，我这么体贴地给你带回三明治，你连声谢谢都没有。你根本没有使用礼貌用语！"对一个40岁的男人你怎么开得了口？为什么我不允许女儿丢掉的东西他就可以丢掉？我仅仅摇了摇头，心想："他真的是这么无礼吗？"还有："他对我是真心的吗？"我脑子里耀眼的星星开始退色。我也不再用我喜欢的方式为他做一些贴心的事情了。

连结婚多年的好友貌似也已放弃从丈夫那儿听到礼貌用语的希望了。但她们内心仍然会为连个简单的"谢谢"都得不到而郁郁寡欢。我最好的朋友不仅是位好厨师，而且还培养了3个有礼貌的小家伙。她和丈夫每周都要做爱3次，所以我说他们的感情相当不错。尽管如此，他们生活中也会出现不和谐的音符，那就是她丈夫从没有对她说过"谢谢"。她抱怨道："如果他下班回家后，不是抱怨马桶坏掉或者玩具扔得到处都是，而是说'谢谢你一个人去买菜，花了两个小时准备了这么丰盛的晚餐’，那就太好了。”

另一个朋友说不管什么时候送礼物给丈夫，她总是连声“谢谢”都得不到。“他还会说说‘请’，”她说，“至于‘谢谢’，从来没听到过。每当送给他礼物时，他回应我的都是‘还不错’。”我总是会提醒他：“说声‘谢谢’就更好了。”而她丈夫总是翻个白眼。（他得了D：很少或根本没有进步，面临异乎寻常的困难，需要协助。）

情感问诊室：45分钟价值200美元的情感攻略（合计：600美元）

我问弗洛伊德男人究竟是怎么回事，为什么不用礼貌用语。在迈克的三明治事件后，我感到异常愤怒，因此花费了至少20分钟与弗洛伊德谈论这件事情。（是的，我花费了大概100美元来抱怨这件事。我试着尽量不去想它。）弗洛伊德的回答很简单：“这是性格缺陷。”他仿佛洞穿了我的内心。“嗯，好吧，棒极了。”我心想。所以我在和有“性格缺陷”的家伙约会。我的朋友嫁给了有“性格缺陷”的男人。那我们到底该怎么做呢？“有些人只是缺乏教养。有些人过于满不在乎。如果你总是为他们做事，他们从不表示感谢，这可能就是由于满不在乎。”他补充道。他建议女人以一种积极的方式去提醒他们应该表示感谢。说“请”和“谢谢”就是表达感谢的一种方式。不过我更想问他们：“知道什么是礼貌用语吗，蠢货？”但是我原打算带着可爱的腔调去问：“知道极具魔力的词语是什么吗？”而把“蠢货”俩字省略掉。

女人帮女人：如何让他拜倒在你裙下

“男人天生就不懂这类词语。这不是废话吗？男人的岁数越来越大，状况却越来越糟。你知道他们自慰的时候会说什么吗？他们的脑细胞受损了吗？告诉你真相！他们忘记了！礼貌就是他们最容易忘掉的一件事！”

女人新主张：DIY调教好男人

1. 以开玩笑的口吻提议送他们去幼儿园。如果他们回你：“嗯？”那么请立刻回应：“你忘记了礼貌用语。”

2. 不要让他们养成懒惰的恶习，我禁止6岁的女儿不说礼貌用语。哪怕你只给他们一次犯错的机会，都会让他们变得满不在乎。

3. 送他们去上礼仪课吧，或者至少将这个想法有意无意地透露给他们。他们应该能清楚你的真实意图。

4. 告诉他们你渴望赞美。撒个小谎，就说你今天过得糟透了，工作中没有得到别人的赞赏，如果能从爱人那儿得到“请”和“谢谢”的话会让你好过一些。

5. 就像对我女儿那样，把他们要的东西在他们面前晃一晃。他们会明白你的暗示：该是说“请”的时候了。

4

我这么热情地打招呼，你还能绷着脸?

如果你跟别人说话时，对方好像没有在听的话，耐心点儿。他可能只是有小毛屑塞在耳朵里，就是那么简单。

——小熊维尼

对我来说，恰当地打招呼和道别是非常重要的事情。如果我女儿放学回到家却没和我打招呼，我会轻声地提醒她。看到我时，她理应表现得很高兴，或者至少打一声招呼，对此她心知肚明。幸运的是，她通常也是这么做的，甚至还会给我一个吻！同样，每天早晨上学前，她会给我一个大大的拥抱，有时还会亲我一下。

我曾约会过的一个男人为我烹制过最美味的菜肴。他的厨艺炉火纯青（床上功夫也毫不逊色，具体细节与主题无关，此处略去不表）。不过他在其他方面就乏善可陈了，特别是接通我的电话后跟我打招呼的方式。真的很奇怪啊，因为他已经42岁了，即使这20年中他每天只接两次电话……累积下来也已经是一个令人眩晕的庞大数字了，他拥有如此多的机会来培养接电话时恰当打招呼的礼仪。可是令人不解的是，他听上去似乎对接到我的电话大失所望。来自我的电话！他所爱的人！即使我70岁的老爸也知道来电显示功能，所以看起来他理应知道打电话的是谁。

如果幸运的话，这家伙会说声“嗨”，这已经很好了（如果一个女孩说“很好”，你懂的，情况会很糟糕）。不过，绝大多数情况下他会应一声：“嗯？”让我感觉是我打搅到他了。每当这时，我内心都有股冲动想把话挑明，如果他不想接到我的电话，那么就不要接这该死的电话。但实际上我顶多会讽刺一下：“哦，你听上去很开心接到我的电话啊！”事实上，我宁愿他不接电话，也不要只应一声“嗯？”，这种状况就像他在对我说：“你他妈的现在想干吗？”当然了，我曾经就回应他：“哦，听起来接到我的电话你可真高兴啊！”每次他回来都会导致气氛紧张，引起口角，他的不礼貌的问候让我的心情顿时变得很差。

至于其他男人，有时候他们打招呼也不会好到哪儿去。我的一个朋友与相恋已久的男友相约在当地的一个小饭馆吃早餐。她比男友来得早些，就在一张桌子前坐了下来。不久，她男友赶来了，看到她坐的位置，就径直走到桌前，一屁股坐到椅子上，嘴里咕哝着什么，或许是“你好”，或许不是。“连个吻什么的都没有。”我的朋友抱怨道，“我对他是否迟到一点儿都不在乎。但是，这确实太无礼了。”

对于她的抱怨，我深表支持。咕哝显然并非问候，咕哝其实相当无礼。但是我的朋友却足够幸运，因为她至少得到了咕哝声。如果道别时呢？老天啊，老天啊。

我还有一个朋友会做美味诱人的香蕉松饼。这跟道别倒没啥关系，我只是想强调他们夫妻关系的甜蜜融洽就如同香蕉松饼的美味让人惊羡。有天早上，我和她，还有她的两个孩子在她家厨房里享用可口的香蕉松饼。平常早上去健身房的途中我都会顺便经过她家跟她打声招呼，因为我很羡慕她和她的孩子（还有她的香蕉松饼）。那天早上在她家做客时，她丈夫的声音突然从外面传了进来："好，我走了！"随后我们就听到了前门"砰"的一声被狠狠踢开了。我惊魂未定，甚至来不及掩饰："是这样吗？他每天早上都是这样离开家的？"即使我那个接到电话只会"嗯"一声的男友也常常会说"再见"并给我一个吻。

"哦，"她回答道，"他不是去上班。"

"那他去哪儿？"我困惑不解。

"他要去纽约出差3天。"

好吧，我的朋友，我惊得差点儿从厨房的椅子上摔下来。"你丈夫离开家3天，所以那就是他和你及孩子道别的方式？"我目不转睛地看着她。

"哦，我几乎都没注意到。"我的朋友漫不经心地回答道，然后询问我，"还要再来一份香蕉松饼吗？"

亲眼见到她的丈夫如此道别，我几乎要吐了！我再也吃不下另一块松饼了。这个男人的素养亟待提高。（在我的人际关系卡片上我给她的丈夫评分为D。事实上，我想给他F。）

真是的，走进厨房道声别能有多难呢？另外，假设他的两个儿子某天和我女儿约会，难道他没有意识到他是孩子的学习榜样吗？难道我的朋友没有意识到当她的丈夫要离家3天时，她理应得到一种恰当的道别方式吗？另一个朋友结交的男友总是在要挂电话时问一句："稍后再打给我？"对此我的好友难以理解："当时我就想：'这家伙为什么不能待会儿主动打给我呢？'"结束通话的方式可以看出你约会的男人到底是什么货色。我倾向于把这些男人归结为人际交往懒惰症患者，或许他们还有些控制欲。可是现今期望我们的男人用亲吻来问候我们真的很过分吗？期待我们的男人离家上班前恰当地道别真的很过分吗？更不用说离开3天了。

我的另一位已婚好友从未听到她下班回到家的丈夫跟她打过一声招呼，而且他的心情并不坏。她尽量找机会跟他聊天。"就像跟一个死角在谈话。"她说，"即使我说一些譬如'我们周末到这儿玩'之类的，也得不到任何回应。我发誓没有一丁点儿蛛丝马迹显示他听到或者留意到。我甚至说：'你说话呀！'即使这样他可能也只会回应'好的'之类的，表明他实际上正在听着。"

情感问诊室：45分钟价值200美元的情感攻略（总计：800美元）

"我再也不想这样了。"我告诉弗洛伊德，并向他描述了男友接我电话时以"嗯？"回应的情形。弗洛伊德建议我学学他在结婚后一直坚持的做法（他已经结婚30年了）。“用你的幽默。”他说，“如果你丈夫或男友像那样接电话，或者跟你见面时连声招呼都不会打，那么你可以这样说：‘哦，我还以为接电话的是我男友呢。’或者：‘哦，我还以为见到的是我丈夫呢。’”弗洛伊德说，利用这种方式你可以传达出这样的信息，那就是你不喜欢他这样跟你打招呼。我想我的朋友也应该追上她的丈夫说：“哦，我还以为我的丈夫要离家3天呢！”我敢打赌这一招肯定能起作用，她会收获吻别的。真的，难道他不觉得自己很幸运吗？她做的香蕉松饼真的很好吃。

完美丈夫大起底：凭什么他最抢手

对于男人不善于打招呼和道别的原因，被精心饲养的最优男人心知肚明。他是这样解释的：“各种类型的社交会不期而至，事实上男人们不会跟其他男人打招呼或道别。如果我走进一间全是男性朋友的屋子，我会以一种很夸张的语调说：‘最近怎么样？’或者其他人会问我：‘最近怎么样？’事实上你不会真的去回答。不过尽管会不太自然，但我仍然倾向于用礼貌的方式。而且我已经学会了。事实上学起来一点儿也不难。”

女人帮女人：如何让他拜倒在你裙下

“我的许多顾客会抱怨她们的男友在见面时显得过于淡然。我确信他们很高兴见到她们，只不过男人们回到家时已经筋疲力尽了。如果我的丈夫很淡然地见到我，我的态度类似于‘是的，那又怎么样’。”

她还告诉我她丈夫曾经要出去和朋友踢足球，却没和她道别。他要走之前，她恰好在车道上发现了他。“我走过去大声说道：‘嗨，至少说声再见啊。’”那天我的背受伤了，当他真的回来时，他果然问我的背怎么样了，所以他并不是那么坏。”

（她总是会提到她丈夫花心思做的一些事情，这也是海伦娜成为好人和好妻子的原因。）

女人新主张：DIY调教好男人

1. 以开玩笑的口吻说：“哦，我还以为接电话的是我男友呢！”

2. 以开玩笑的口吻说：“哦，我还以为见到的是我丈夫呢！”

3. 面带笑容、超夸张地说：“哦，见到你真高兴啊！”

4. 对他说：“我想我拨错号了，本来是想打给我男友的。”讲完就挂掉电话，然后再打过去。

5. 或许你一点儿也不在乎他怎么和你打招呼。果真如此吗？

5

你觉得我漂亮吗？看起来不错吧？你喜欢我的发型吗？那么你他妈的为什么不讲出来？

只凭一句赞美的话我就可以充实地活上两个月。

——马克·吐温

我是个女人。因而我渴望得到赞美。如果你和我一样（是个女人），也喜欢听到赞美，甚至很悲惨地（和我一样）很难听到这些……我的意思是，难道我们没有相似的经历吗？难道你没有爱一个人爱得死去活来，恨不得一整天都在准备着如何见到他吗？我就是这样的。

热恋时期的我是这样子的：我的新男友即将出差归来，我3天没看到他了，所以说好了他当天一回来我们就聚一聚。要见到他我会很兴奋吗？你的彩票是不是没中过？想不想中呢？完全正确，要见到他我兴奋极了！所以说好了当天就见面，我早上10点就开始做头发了，用了足足两个小时。然后急匆匆地去见了弗洛伊德，当然最后也聊到了这个家伙。然后我狂奔到海伦娜那里，去取比基尼、腋下除臭剂、脱毛器，或许还拿了美甲刀和修脚刀。我十万火急地跑回家洗了个超长时间的澡，全身都喷得香喷喷的，试穿了3套衣服，可是直到最后一个小时我还是不能确定哪套最合适。基本上，为了从身体上到情绪上迎接某人的归来，我真是豁出去了，耗费了一整天准备着（而且花光了我银行账户里的钱）。是的，我想要得到一个大大的赞美。（即使浑身起鸡皮疙瘩那又怎样！）

热恋期，也就是蜜月阶段——总是稍纵即逝的，真的是这样吗——赞美飞流直下、泛滥成灾。我在热恋期就是这样，听到的赞美声不要太多哦。但是随后的日子，赞美就变得越来越稀缺，有时就像天上的繁星一样遥不可及。赞美的美好阶段一去不复返了，蜜月阶段也戛然而止了。我觉得，男人无暇意识到——或者根本意识不到——女人爱听赞美的话。他们不知道只凭一句赞美我们就可以美上一个星期。（至少是一个晚上！）我们需要赞美，就好比植物需要水分一样。（等等！我要去给我的花花草草们浇浇水了……好的，我回来了。）

我不仅希望自己能从男友那儿得到赞美，我还期盼着我的闺蜜们能获得另一半的恭维。我的闺蜜们理所当然应该得到赞美，因为她们值得称赞、完美极了。

有天晚上我去见一个好友，她已经结婚5年了，那天晚上她丈夫在酒吧喝得酩酊大醉。我知道她一直在外面跟着私人教练健身，一周3次，已经好几个月了。好几个礼拜没看到她了，我第一眼就注意到她的体形发生了变化。她看上去优雅舒展、曼妙动人，热辣极了！

"你看起来真迷人，"我告诉她，"健身教练创造了奇迹啊。"

这时她丈夫大叫起来："你真的跟着教练健身了？我怎么不知道，真是这样吗？"

（这段狗屁话可不是我设计的。她丈夫确实不知道。）

亲爱的读者朋友，当时的气氛着实诡异，至少令人不舒服。你们该庆幸没有像我一样成为桌旁的电灯泡。

纵使我朋友的丈夫真的不知道她在健身，那他也应该注意到她的体形已经恢复到好像21岁的时候了。我的朋友看上去很受伤。显而易见，她丈夫根本没有注意到她的变化，也没有给予哪怕一句赞美。

"你觉得我不漂亮吗？"她问道，我则假装去找手袋里的黑莓手机。

"不，我觉得你挺漂亮的。"他说。

我朋友瞟了他一眼，看上去失望至极。

这个我懂。为什么女人得不到？请求得到的赞美和主动给予的赞美根本不是一回事。就像我的好友一样，我有时也会傻乎乎地问男友："我的发型好看吗？"还有："你喜欢这身衣服不？"而且的的确确我也问了这个问题："你觉得我漂亮吗？"或者："你觉得我好看吗？"我也常常想："你他妈的金口难开啊，就不能赞赞我有多么美啊？"

有时候心血来潮，我会挺较真地问男友："你觉得我长得好看吗？"我没有获得预期的答案："当然了！美极了！"反馈给我的是："你为什么问这么愚蠢的问题？"这让我感觉自己一点儿也不好看而且愚蠢幼稚——这可不是像我这样没有安全感的女人渴望得到的答案，如果你懂我的意思的话。看吧，我们可能连请求得到的赞美都不一定能得到。这个世界究竟怎么了？

我问过所有好朋友她们的另一半有没有赞美过她们。答案着实令人沮丧。我真想在我的床上像婴儿般蜷缩着身体，永不离开。我最漂亮的一个已婚好友经常参加大型慈善募捐活动，这意味着她要经常美美发、化化妆，穿着性感的晚礼服。在我们干了一杯白酒后，当我问她有没有收到过来自丈夫的赞美时，她有些茫然。"他？从没有。我会问他：'我看上去怎么样？'他会回答：'嗯，你看起来不错。你一直都不错。'有时候说这话时他会把视线从电视上移开瞟我一眼。"她告诉我。哦，上帝。请求赞美时听到比"不错"更多一些的词语，这样的要求过分吗？希望男人能专注地看着我们，这样的要求过分吗？

"我从他那儿得到的最高褒奖就是'你看起来真可爱'，不过这种情况很罕见。"我另一个好友抱怨道。这总是让她烦恼不堪。"他不赞美我真是太伤感情了，"她说，"真的，就像针扎在了我的心上。"

这个我懂。一句赞美都得不到时我也会变成一个容易受伤的女人。

是的，"可爱"还好点儿。在我看来，至少比"你看起来不错”强，或者“你看起来真丑”，又或者“你为什么问我如此愚蠢的问题”。唉，总比什么也听不到要强吧。但一般来说，女人可不是为了争取“可爱”。我们是成年人了。我们要争取的是“性感”，是“漂亮”。

我朋友继续说道：“还有一天我和丈夫逛商场，别人对我说：‘你看起来真迷人。太漂亮了。’我看了丈夫一眼。我想说的是，如果在大街上随便一个人都能告诉你，你看起来‘真迷人’、‘真性感’，他为什么不能说呢？”

我听到太多这样的抱怨了，继续爆料吧。

“我从未得到过赞美，”一个已婚朋友告诉我，“我宁愿重新选择，出去参加活动，真的感觉良好。即使我的女儿都会说：‘妈妈，你看起来真漂亮。’我丈夫还是置若罔闻，一声不吭。我宁愿问他：‘我看起来还不错吧？’然后得到一个‘是的，看起来不错’的回应。但是我总会问的问题是：‘你觉得这顶帽子怎么样？’通常，听不到任何褒奖，取而代之的是：‘哦，这多少钱？’或者：‘哦，你需要新衣服了？’”

另一个熟人说她丈夫也从未赞美过她。她曾经问他为什么会这样，他的回答是：“我什么都不说的话，你可以认为自己看起来很漂亮。”切！谢谢了，伙计。

当然，毫无章法的男人也有。他们真的从来没留意过。比如，我就认识一个女人，她已经涂了紫色的指甲油好几个月了，却从未得到过丈夫的赞扬。（这个颜色很衬她的黑莓手机贴纸。）事实上，确切地说，已经6个月了。“就在昨天，他问我为什么要涂紫色的指甲油，”她告诉我，“我说我喜欢这种颜色，看起来很可爱。”然后她丈夫告诉她：“我觉得这是我见过的涂在指甲上的最丑陋的颜色。”这个女人听得目瞪口呆：“我涂这种颜色已经6个月了！”她丈夫根本就没注意过。

另一个朋友也认为一些男人只是忽略了。她丈夫就是其中一个。“我真的认为男人有时也清楚他们忽略了一些事情。我回到家后，他会说：‘嗯，你的发型换了吗？不，你晒黑了？等等，你做了脸部美容了还是其他什么？’我想他只是知道我去某个地方做了个人护理，可是具体做了什么他一无所知。”

其他一些男人夸我们的次数屈指可数，可是指出我们的缺点却快得不得了。“我丈夫偶尔会称赞我一下，但是大多数时候他会说：‘不要穿那件衬衫。太难看了。’”一个朋友告诉我。我认识的一个可怜女人和她丈夫一起出席一个正式活动，这个活动持续了5个小时，她注意到整个晚上丈夫都闷闷不乐。等他们坐上回家的出租车，她问他为什么心情这么糟，是不是工作不顺心了。“他的回答竟然是：‘不是，是你的穿着把我的心情给搞糟了。’”哎哟。哎哟。哎哟。

然后还有一些男人会赞美过度，归结为一点：没有一句话听起来像回事。“我前男友的称赞听起来就非常假，”一个朋友告诉我，“他会说：‘我阅过的性感女人无数，但是你是我见过的最性感的一个。跟你做爱真爽，没有人能比得过你。’然后他会夸夸其谈10分钟。真是赞过头了，全是胡说八道。”

情感问诊室：45分钟价值200美元的情感攻略（总计：1000美元）

“我发现爱情中的女人一直找不到被珍爱和呵护的感觉。”当我问弗洛伊德为何男人在赞美上出现这样的问题时，他这样回答我，“赞美已经变成婚姻中的一个强大的阻碍，甚至导致离婚，之所以会这样是因为有些人的需要没有获得满足，女人没有被呵护的感觉。”（哦，我的天，赞美可以拯救爱情！这是来自专家的忠告。）

揭穿男人心：极品男友的真心话大拷问

我曾问过前男友：“为什么你从来都不赞美我？”他的回答是：“我想把你当做最好的朋友。如果我看到他说：‘哦，乔恩！你今天看上去很精神！看上去真棒！你理发了吗？’很荒唐，是吧？我没有赞美的习惯。女人总是喜欢赞美其他女人，但是男人不习惯这样。而且，大多数人不喜欢去做被要求做的事。一旦你想得到，人的天性就是抑制它。许多女人没有安全感。我们知道这会没完没了，女人永远不会满足。就好像你最爱的美食，你可以不断地去吃，可是永远没有尽头。一旦你开始赞美女人，那就没完没了了，你必须每天都这样做。该死。不管怎样，我绝不会开赞美的先河。你总是会感到不舒服，看起来糟糕透顶，那又何必自讨苦吃呢？”（没错，我和这个男人约会过……一段时间。如果我是你的话，我会远离他。）

完美丈夫大起底：凭什么他最抢手

“我一直赞美我的妻子。我惊讶于让女人脸上露出得意之色是如此简单。我会告诉妻子她看起来光彩夺目，然后她会说：‘哦，可是我一点儿妆都没化，我本来就是这样子的啊。’不赞美女人就好像发现了地上有10块钱却不捡起来。其实捡起来是轻而易举的事。就像给予赞美也是一件很容易做到的事。”他说。

女人帮女人：如何让他拜倒在你裙下

“许多热恋中的女人得到了她们男友的赞美。但好景不长，男人们彻底忘记了赞美这件事。女人们不得不去乞求，事实上我的很多女性客户总是会去赞美她们的丈夫。我把这种现象称做‘失忆’。男人们确信我们可以奇迹般地知道自己看起来很不错。虽然事实的确如此，可是当我称赞我丈夫时，他是不是该礼貌性地给个回应呢？”

女人新主张：DIY调教好男人

1. 走出浴室或者下楼时摆出性感的姿势。燃烧你的小宇宙吧，把全部的潜能激发出来。虽然没有直接开口，但这架势难道不是在询问他：“我看上去怎么样啊？”上帝保佑，但愿你的男友不会回你：“你他妈的究竟在干吗？”而是说：“你看起来真是光彩夺目啊。”

2. 不要因为他没赞美你就哭鼻子。直截了当地跟他讲：“如果你注意到我的盛装打扮，我会很开心的。”

3. 不要说消极的话，比如“你从来没赞美过我”。他会马上抛诸脑后、忘得一干二净的。

4. 什么小聪明、小伎俩尽管使出来吧。我最喜欢的一个办法就是说我是一个丑陋的小孩，总是没有安全感，我看起来漂亮的时候希望得到赞扬。哈哈！

5. 如果他赞美了你，立刻献上一个热烈的吻作为对他的奖赏（或者允诺和他上床）。我学会了去说：“好甜蜜哦。”然后献上一个大香吻。

6. 当他看上去很精神时别忘了赞美他！

7. 如果他赞美了你，别忘了说声“谢谢”。

6

千真万确！只要三个字：我爱你

爱一个人，就要告诉她。

——乔治·艾略特

无论什么时候，当我的女儿对我说“我爱你”时，我的心都会狂跳不止。有时候我们只是坐着看电视，她都会出人意料地说：“妈妈，我爱你。”当然，当我这样对她说的时候她也会回答：“我爱你”。但是她经常毫无理由地说这三个字，完全出乎我的意料。我可能在开车，她坐在后座上。

“妈咪？”她会问。

“嗯，宝贝？”

“我爱你。”她接着说。

或者我们正在刷牙，她会说：“妈咪，我爱你。”

这真是太、太、太温暖人心了。但是男人呢……

在这三个字上男人他妈的算怎么回事？这也算是缺乏赞美的一种情形吧，不过显然要恶劣得多。我们想听到“我爱你”。但是我们不想强迫男人心不甘情不愿地说出这三个字，那甚至比请求他们赞美更糟糕。

“除非我先说，否则他才不会说呢。”很多女人都这样告诉我。其中一个果敢的女人甚至追问丈夫为何从不对她说“我爱你”。“他是这样告诉我的：通常情况下如果他没有讲他不爱我，那么我就可以认为他是爱我的。听起来就像没有消息就是好消息一样。”她说。

好极了。所以我们只能苦苦等待，直到某天他们大声宣告“我不爱你了”，是不是就意味着我们两手空空、一无所得？没有消息也许是好消息，但是并不值得欢呼雀跃。

我曾经的一个男友在某些情况下说“我爱你”这样的话毫无问题——比如激烈争吵、噙满泪水（我的）、疯狂做爱时。如果我们不吵架，对话完全是另外一种风格。我将带你们回顾一下我们第一次互相说出“我爱你”时的情景。我们的对话开始了：

我：我爱你。

他：是的，我知道。

我：我刚刚说了“我爱你”哦。

他：是的，我知道。

我：哦，看在上帝的分儿上！你他妈的出什么问题了？我说“我爱你”了，你是不是该说“我也爱你”？

他：我也爱你。

时间飞逝，两年后，我还在和这个男人交往。我们不是在通话，就是待在一起，我们的对话是这样的：

我：我爱你。

他：是的，我知道。

我：我刚刚说了“我爱你”哦。

他：是的，我知道。

我：哦，看在上帝的分儿上！你他妈的出什么问题了？我说“我爱你”了，你是不是该说“我也爱你”？

他：我也爱你。

没错，两年后我对他说“我爱你”后，他仍然会说：“嗯，我明白。”（显而易见，一点儿进步都没有。显然，我拥有的是一个“问题”男友。）

“是的，我知道。”这是女友说她爱你时正常的回答吗？真是这样吗？我经常跟朋友和家人说“我爱你”。就在前几天我还说了“我爱你”，当时我的零钱从皮夹子里掉出来，飘到路中央去了，一个好心的陌生人帮我捡起来了。事实上，即使你帮了我一些很微小的事情，我也会对你说出“我爱你”。说这三个字对我来说一点儿问题也没有，所以要我生命中的男人说出来有何困难的呢，而且还是送给我的——他们生命中的真爱。

我尝试过一段时间不去说“我爱你”，因为我实在不想听到“是的，我知道”这样的回应。我坚持了一天，就再也忍受不下去了。我是女人，下意识地就会说出来。当我真心爱你的时候，我喜欢说“我爱你”。我也渴望听到你也爱我。那就说出来吧！

揭穿男人心：极品男友的真心话大拷问

我曾问过那个总是回答“是的，我知道”的家伙，也就是前男友，为什么每次对他说“我爱你”时总是这样回答我。下面是他的原话：“让我问问你：你想要一个人总是对你说‘我爱你’吗，不管是每次走进房间还者走出房间？不，这样你会感觉很悲哀。你会想要逃离。事实上，不说这个，恰恰是另一种尊重的表示。你们嫁给了我们，我们娶了你们。或者我们正在和你们交往。仔细想想吧。真的是这样吗：你们想要我们说‘我爱你。我爱你。我爱你’？”（嗯，他说的有点儿道理。听起来是有点儿悲哀。或许我也会想逃离。无论如何我也不想听得足够多了才知道！）

完美丈夫大起底：凭什么他最抢手

“我一定会应和的，”我朋友的丈夫肯定地说，“一半是出于礼貌和教养以及好男友或好丈夫的担当。老实说，并不是由于我很敏感或者她抓住了我的软肋，而是一种对双方都有益的平衡。如果你不回应，你就搞乱了她的心情。如果她的心情糟糕，需要听到‘我爱你’而你没说，那个夜晚就会很难熬。所以为什么要让我的妻子心情不好呢？”

女人新主张：DIY调教好男人

1. 提醒自己，男人可不爱经常听到这三个字。这并不是说他们不需要。只是不要太过频繁就好。

2. 告诉他们你不自信，你渴望听到这三个字。（这个办法我屡试不爽。）

3. 引用乔治·艾略特的名言："爱一个人，就要告诉她。"

4. 当他们说出来时，一定一定要有奖赏。

5. 换种说法，如"我的心里全是你"，其实是一回事，也许他们会觉得很可爱呢。

7

为啥大男人说声对不起就跟问路一样难

要想与一个男人幸福相守，你必须对他多一分理解少一分爱；要想与一个女人幸福相守，你必须尽量多爱她，但绝不要试图去理解她。

——海伦·罗兰

关于道歉这个话题，我和女儿不知谈论过多少次。我认为，有时即使纯属意外或者你本不想伤害别人，你仍然应当表达歉意。她也懂得了有时候即使她没有做错事，但是一个主动的道歉可以换来他人的舒心。最近我们和其他两个小孩一起出去玩，其中一个感觉自己受到了冷落，于是哭起了鼻子。在我根本没有施压的情况下，我女儿跟那个小男孩说了声“对不起”，只是因为他的哭让她心里很不好受。如果男人们都能像我6岁女儿一样聪明且富有情感那就好了，可惜没有。

我6岁的女儿是这么做的……

“可是我不是故意要这么做的。”我女儿嘟哝道，因为她刚刚从公园的滑梯上滑下来时无意间压到了一个小男孩的头上。

“道歉。”我要求她，尽管是小男孩不知从哪里突然冒了出来。

“对不起。”我女儿对着小男孩说。

我觉得如果我是男人，一旦做错事，我会马上向那些需要道歉的女人说声对不起。让我重复一遍：我需要你向我道歉。我要从你的脸上看出你很难过，我还需要确信你是真心道歉的。在我看来，男女交往期间道歉的重要性不容小觑。实际上，有时候我会觉得和一个懂得如何道歉的男人在一起才能幸福长相守。不过我说的可不是诸如“好吧，我为让你产生那样的感觉感到很遗憾”之类的，很显然，这些话背后的真实含义是他根本就不感到懊悔。不，我说的不是这些，我说的是发自肺腑的、真心实意的道歉。我的已婚好友都知道我指的是什么。“如果道歉真诚的话，我会接受，”我的已婚好友告诉我，“但不是类似这样的‘好吧，对不起，行了吧’。”

唉，往事不堪回首。我的记忆中有很多男友都不知道何时、怎样、为何去道歉，但是还是有一个人能“脱颖而出”……

我孤零零地在饭店里等了30分钟，这一纪录也打破了我对自己定下的铁律：20分钟还不来就走人。我知道他随时会过来。每当饭店的前门被打开，我的心都要随之一颤。是……不是，不是他。是……不是，不是他。最后一个！ 是……不是，不是他。我就是感觉我的男友随时会走进来。我们是要过一个生日惊喜聚会，但是时间显然来不及了。所以我提前点好菜，因为我知道下一次门开的时候……不是，不是他。我打电话过去，他没接。最终，我的手机铃声响起。

“你在哪儿啊？”我问道，顾不上去打招呼了。他已经迟到了31分钟了。

“你在哪儿？”他反问我。

我幻听了吗？他是认真的吗？

“我在我们约好的饭店里，说好半小时前见的啊，”我简短地回答道，这个时候服务员已经端上菜了（给我们两个人的！），“你在哪儿呢？”

“我睡着了，”他说，“我10分钟后就到。”（我讨厌人们说“我10分钟后就到”。在这个城市里，这简直成了每个人的标准回答。不管他们离得有多远，你都会听到：“我10分钟后就到！”）

我还没来得及回应，他就挂断了电话。我盯着面前一桌子的菜，不再饥肠辘辘了。他……睡……着了。他睡着了？他妈的竟然睡着了！

我尝试吃一卷寿司，因为当一个女孩点了三打寿司卷、两盘色拉以及两大碗酱汤时，作为旁观者的你们肯定会不由自主地想到是她并未引起约会对象的足够重视，所以到点了也没见到人影。

20分钟后（我可没有紧盯时间），我男友兴冲冲地走进来，脱掉夹克，看着一桌子菜说："看起来不错啊。"

我看着他，茫然若失。无疑我心酸的表情让他猜到了我的真实感受。我啥都没说。真是尴尬极了。最后，他说了些什么。他知道我要的是解释。毋庸置疑！

"我知道发生了什么，"他解释道，"我只是太累了，所以我想要躺一下，可是等我醒来才意识到没留意过了多长时间。我看了下钟才意识到迟到了。"他说。（当然，因为我是女人，我觉得有必要翻译一下这句话的真实意思是："我把你忘得一干二净。"）

我仍然盯着他，愤愤不平。我要的是道歉。但是他说得太轻巧了，我很愤怒，我要的是道歉。但是他还是这样，我继续盯着他，满怀期待，希望能够顺畅地、清晰地传达出："我要的道歉在哪儿？"

显而易见，这些表达方式没有奏效。他继续吃着，偶尔露出快乐的神情。坦率地讲，我丝毫不介意他睡着了，这些我都知道。该死的，发生了就发生了。但是他来得太迟了，显然我应该得到一句道歉的话，这不过分吧。我想知道如果他要见的不是我而是女王，他会怎么做。他会道歉吗？如果是他和老板有约呢？迟到了40分钟他对老板不说声抱歉？

或许你会认为大多数已婚男人至少懂得道歉有多重要，但事实并非如此。我的一个已婚好友就相信男人从不会承认他们自己做错了，这就是为什么对他们来说道歉就跟问路一样难。他们宁愿做任何事也不愿做这件事。

“我丈夫完完全全地忘记了我们的一周年纪念日。他知道自己错了，也通过对我表现得格外殷勤以及买礼物来弥补，”一个好友最近向我坦承，“但是一个星期都过去了，我仍然没有听到一句‘对不起’。”对她来说，那或许是最好的礼物（并不是她和赎罪的礼物有仇）。事实上，她现在已经习惯于收到赎罪的礼物而不是道歉，她什么话也没说。“我过去真的很在乎他‘从不说对不起’。但是现在那就接受礼物吧。”

现在已经离婚的一个朋友发现她丈夫欺骗她多年。发现婚姻就是一个骗局足够严重了吧，但是她仍然连一个道歉都得不到。“我们大吵了一架。最后我跟他讲：‘你知道吗，你从未道过歉。’”即使她已经知道婚姻即将破裂，即使她知道他们就要离婚，她仍然想要一个道歉。

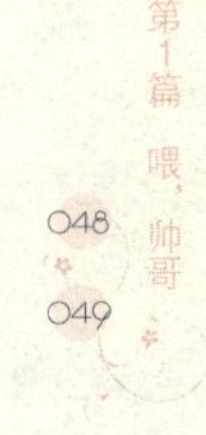

男人们没有意识到承认自己是个大浑蛋和真正的道歉相差十万八千里。“我丈夫完全忘记了要来听我在这次会议上的发言，而且至今未道歉，”一个朋友告诉我，“他承认自己‘浑蛋’，可是我还是得不到一句实打实的‘对不起’。”另一位朋友会得到某种程度上的带有附加条件或前提的道歉。这个——千万别搞错——和真正的道歉不同。“他会道歉，但往往带有前提条件。比如：‘如果你没那么做，那么我也不可能这样做的。所以我为我的行为道歉，但是这是因为你那样做才造成的！’”她说。

男人，根据我的经验看，还没有学会做错事后直截了当地说“对不起”。这可比一个星期的赎罪礼物要便宜得多（也容易得多）。而且，你越早说“对不起”，我们就能越早说“我接受你的道歉”，然后继续好好地生活。你不道歉的话，我可无法原谅你，直到你下次搞砸。

情感问诊室：45分钟价值200美元的情感攻略（总计：1200美元）

我向弗洛伊德坦承，如果男友犯错了，或者说了什么、做了什么让我伤心，我就属于那种需要得到道歉的女人。我不会放任不管，让事情过去就算了，我解释道：“我需要得到‘对不起’这句话，而且想一次又一次地听到。”我说。

“你是需要5个道歉，还是你就是需要一个发自肺腑的真心道歉呢？”弗洛伊德问我。

呃。（他真是问到了点子上，所以我才愿意撒大把大把的钱给这个家伙。）

“我觉得如果我能得到一个真诚的、非常真心的道歉，那么有没有5个道歉也就无所谓了。”我说。刹那间，从未有过的轻松！(耶！)

弗洛伊德说，女人可以分辨男人说“对不起”是为了缓和矛盾还是真心地为自己的行为道歉。我爱死弗洛伊德了，尤其是他补充说：即使女人的理由完全的滑稽和无理（比如“你说过晚上10点打过来的，可是现在已经10点5分了”），如果男人真的爱你的话他会道歉的。但是首先，你得跟男友解释清楚他的行为如何影响到你的情绪。“即使男人没有完全弄清楚他究竟错在哪儿，他也应该向受到伤害的你道歉，如果他真心爱你的话。”所以，女孩们，大声讲出来吧！说出你受伤害的原因，或许你会得到一个真心实意的道歉。（或者5个不冷不热的道歉，不过全是为你而来的。）

揭穿男人心：极品男友的真心话大拷问

某个前男友对我说“对不起”怎么就这么难，即使他知道这会让我心里好受些？（因为我告诉过他一个道歉就可以让我的心情变好一些，即使他并非有意做错事。）这事堵在我的心里实在难受，于是我就把问题直接抛给他。他的回答是：“男人们不道歉是因为我们通常都是对的。男人就是正义和正确的化身。所有女人想得到的只是一个道歉吗？错！为什么女人总是需要道歉？女人们会一直道歉吗？这真是个双重标准！等等，你曾向我道过歉吗？”（是的，我告诉他，我道过歉！）“当然，我还未完全摆脱原来的状态。有时候（对你）道个歉恐怕要耗费数个月，你最好能够接受。”（这个可能是真的，啊，真变态！）

完美丈夫大起底：凭什么他最抢手

"我道歉过很多回，"他说，"但是我知道如何做才是对的。对于道歉你要特别留意。我的经验是不要道歉过度，因为这显得很不真诚。"

女人新主张：DIY调教好男人

1. 女人们需要直接说出为什么受到了伤害或者男人究竟做错了什么，否则她们是得不到道歉的。

2. 如果道歉是真心的话，接受它吧。不要老是喋喋不休地谈论那件事，就让它过去吧。

3. 不要让他为每一件事道歉。作个妥协吧。如果仅仅因为没有洗碗、不按时回家、睡得太迟就频频让他道歉，那么好好先生也会不满的。

4. 接受赔罪的礼物。这是男人表达歉意的一种方式。

5. 如果你做错了，那就道歉吧。要真心实意地。或许他会学会的。让我们坦然面对：我们并非十全十美。

8

你怎么能睡着？我们的大战才刚开始！

女人，在大多数情况下，绝不会带着怒气上床。看起来，在我们生气时，特别是生男人的气时，我们夜不能寐。我们辗转反侧，感到我们自己是多么怒不可遏。即使我们如此愤怒而不愿跟你们说话，我们仍然希望你们能试着跟我们沟通（所以我们才会说不想理你们）。我们想着那些伤及感情的小事，打算在你表明立场的时候进行反驳，可是你却什么也不说……因为你酣然入睡了。起来！我们辗转难眠想要把你叫醒，只是想让你知道我们现在难以入睡。

我知道很多糟糕的言辞会引爆深夜的争吵。印象深刻的一句是“我的心已不在这儿了”。（我当时在想：“好吧，两小时前你的小鸡鸡可是插在这里的。”）有时候，男人无所适从，不知道该干什么，特别是在深夜争吵期间。而我们女人的问题是太轻易相信你们的话，特别是在深夜争吵期间。如果你刚刚对我说 “我的心已不在这儿了”，我怎么可能睡得着。事实上，他做到了。他在我旁边酣然入睡。所以我哭了，踹了他一脚（好吧，我踹了他），把他吵醒了。“你怎么哭了？”他问，把我轻轻揽入怀中，他确实不知道我为什么哭。“你刚才说你的心已不在我这儿了，”我大哭起来，“听起来你打算离开我了。”他解释自己根本不是这个意思，而且他也没这么说过。事实上，在这样的日子里，他是不会承认他说过什么的。但是他确实说了。确实。相信我，他真的说了。

我的已婚好友们，即使那些彼此十分般配的，也会吵架，其中一位至今还未从一个月前和她丈夫的激烈争吵中恢复过来。争吵期间，他对她说：“我天生就不适合结婚。”显然，我的好友一晚没睡。她整夜都在婴儿房里抽泣，担心丈夫要弃她而去。第二天早上，她丈夫醒来，看到她脸上满是泪痕。他不解地看着她：“你怎么哭得这么伤心啊？”“因为你告诉我你天生就不适合结婚！”我朋友哭个不停。结果证明他根本不是这个意思。至少他不会用那种方式来表达。他只是想表达无法让她开心的糟糕心情。

另一个朋友在一次深夜争吵中得到的是：“你觉得只要会做饭就是个好老婆吗？”我只想说她在沙发上度过了一个不眠之夜。还有一个朋友，总是会例行公事地和丈夫在深夜大吵一架，她跟我说：“我们已经习惯了每周分开来睡。当我们在深夜发生激烈争吵时，那会触及他的底线。我们的理疗师告诉我们永远不要恶语相向，那只会让情况更糟糕。”

在我为本书作调查时，我和一个男人谈论起深夜争吵，我问他是否有过这样的经历。他看上去有些忸怩。“我从未跟任何人说过。”他说。“什么？告诉我吧。”我请求道。“好吧，如果我们的性生活形同虚设、几乎不存在的话，那么我就会找个由头跟她大吵一架。因为我知道这一定是以做爱收场。”哦，我的天。我们一直还以为都是我们的错呢。

情感问诊室：45分钟价值200美元的情感攻略（总计：1400美元）

“我觉得那个规矩糟糕透顶。”当我询问弗洛伊德对“夫妻绝不带着怒气上床”这个谚语的看法时，他这样回答我，“这是一个很危险的错误观念。”弗洛伊德说有时候正常去睡觉会更好些。“你沉浸在争吵的氛围中越久，争吵就会越持久、越愚蠢，因为你在这场争吵中筋疲力尽了。”我想起了跟男友在一起的每一次深夜争吵。弗洛伊德说到点子上了。争吵确实拉长了，而且随着时间的推移越发变得可笑。“总体上讲，”弗洛伊德说，“深夜争吵从不会真正得到解决。矛盾依旧，然后不断积累。”他的建议是放弃“绝不带着怒气上床”的根深蒂固的理念，转而遵循“暂且把问题放一下”的原则。在工作中我就是这么做的。如果我生别人的气，在发出有可能让我后悔、引起麻烦的邮件前，我会出去走上10分钟。而且，我问过所有好友关于午夜争吵的问题，她们都同意快睡觉时的争吵的确愚蠢。（所以我们一致同意把争吵时间改到神清气爽的大清早。）那可不是说你不该尝试去做爱。“做爱是最好的解决之道。”弗洛伊德说。（是的，显而易见我应该付他200美元。）

揭穿男人心：极品男友的真心话大拷问

我问过一个前男友为什么每次争吵中他都能酣然入睡。“女人他妈的在一件事上会没完没了，”他嚷嚷着，“真是不可思议。因为要是在其他时间，她们就能在两秒钟内就结束谈话。但是要是在晚上，她们可就发神经般地没完没了了。”（没错，这就是我约会过的家伙。）

女人帮女人：如何让他拜倒在你裙下

“我丈夫最好不要在发生争吵时睡觉。他最好等我把话说完！”海伦娜说。

女人新主张：DIY调教好男人

1. 不管有多痛苦，暂且把问题放在一边吧。伴随着夜晚的降临，争吵戏码轮番上演真是愚蠢至极。你懂的。

2. 在大清早开战吧。这样的话，你有一天的时间去琢磨和争论。等到晚上很可能一切就都过去了。

3. 试着保持友善和温柔。记住你可能在其他事情上已经心力交瘁了，他也不例外。

4. 给予他充分的信任。试试吧。

5. 午夜过后不要把他的话放在心上。

记住！

永远不能对女人说的几句话！

我原来想把这些放在上一段中的。我征询过所有闺蜜的意见，下面的话就是我们不爱听的，而且永不爱听。所以别对我们说这些！永远不要！

1.“你疯了吧。”

2.“你疑心太重了。”

3.“你是午夜歌女吗？”

4.“我现在不想说。”

5.“我知道你有过去。”

6.“你这么看好它。”

7.“或许你不该吃这个？”（或者：“你真想吃这个？”）

8.“你真想穿这个？”

我的一个前男友经常对我说我“发疯”了。说得严重点儿，几乎每次谈话他都会这样说。听着，我不“疯”。我更愿意认为自己有些“怪”。不论何时男友说我“疯”，我真的很想知道是不是这样。因为从技术上讲，我不可能疯了。我问前男友为什么他总是这样说我，他的回答是：“因为你确实疯狂了！你想我怎么说？我说你疯狂了因为你他妈的就是疯了！亲爱的，你真是太难对付了！好吧，你不疯，但是偶尔你会做些疯狂的小事。”

第一时间揭示男友/丈夫

成绩单

（随时可以通过邮件发给你的伴侣！）

他会倾听吗？

A B C D

他的行为和言论得体吗？

A B C D

他的表达清晰无误吗？

A B C D

他会选用恰当的词语吗？

A B C D

他会根据目的的不同采用不同的表达方式吗？

A B C D

他能清楚地表达自己的经验和心得吗？

A B C D

点评：

第2篇 嘿，兄弟

（迟到/放鸽子/抱怨/当众亲热等）

多给别人一些体谅，
多为别人考虑一点点，
那将让一切截然不同。
——小熊维尼

9

我已经到了……你他妈的还要迟到多久？

这么重要的一天，你的岁数也够大了，有什么理由迟到？迟到了也不提前告诉你的伴侣更是错上加错。我们都有通讯设备可以实时沟通啊，当男人要迟到时看起来应该这么做的，可是却没有。我最好的朋友、5个孩子的母亲（我说过她很忙了吗），打算在“约会之夜”和她丈夫在附近的旅馆见面。她安顿好孩子和保姆，穿上性感的衣服、脚踏高跟鞋，赶在约定的8点半到了旅馆，可是却连丈夫的影子也没看到。于是她给他打电话。他没有接。她给他发短信，还是没有回应。最后，20分钟后，她决定打他办公室电话。“你还在那儿吗？”她丈夫告诉他10分钟后就到。他们结婚20多年了，所以你肯定认为他知道老婆总会准时，并且讨厌他迟到。

“我在那儿待了半个小时了，在最紧张的一天，我踏着红色的高跟鞋跑过来，眼睁睁地看着其他一对对恩恩爱爱、卿卿我我，身边也没什么杂志可以看看，我觉得自己简直是个白痴。”我朋友说道。当时已经过了10分钟，可是她丈夫还不见人影，她再次打过去：“我不知道我们的约定该不该这样，但是我一定要等你30多分钟吗？”他不断地道歉。开玩笑！他怎么可能不断道歉呢。他冲她大吼道："不要对正在挣钱为了请你吃大餐的人发火！"她挂掉了他的电话。然后他打过来，不断地道歉。当然，她的梦想之夜就这样泡汤了。

最近离婚的一个朋友说她的丈夫总是迟到。"他知道的。他知道我一直都是准时的。这是我最大的怪毛病。我已经上了出租车，他会说：'我要迟到半个小时。'我的感受就是：'你难道不能在我出发前打给我吗？'"

另一个朋友也会抱怨她丈夫："上周六，他说上午11点半会到家，结果晚上12点半才到家。"现在看来这还不算太糟糕，因为她还可以坐在家里等，和他们刚出生的小家伙待在一起，总比在旅馆或者其他的公共场所要好吧。"挺糟糕的，因为我们的小家伙才出生3个小时。因为迟到，他错失了儿子降生的神圣一刻。"

还是这个朋友，她曾经打算和我一起去参加新书发布会。那天早上她给我打电话，说不巧碰到了急事，可能会迟到。她还给我发了电子邮件，说明情况。而且她还给我发了短信。女人就是这样。如果迟到，我们会提前通过各种方式告诉对方。我们一想到可能发生的迟到，就觉得愧疚无比。

另一个朋友等她男友过来。她对晚上的约会翘首以盼，他们约好晚上8点半见面。"然后都10点了，他还没洗澡。11点，他终于出现了。我的感受就是：'你他妈的去哪儿了？'他摆出一副防御的架势，我们为此大吵了一架。我大意是说：'我是人。如果我早知道你会迟到这么长时间，那我肯定出门后作其他打算。’”她把他轰出去了吗？没有，她让他留了下来，上了他。因为她真不知道如何饲养他。

情感问诊室：45分钟价值200美元的情感攻略（合计：1600美元）

如果你还在热恋期，你的交往对象总是姗姗来迟，弗洛伊德问我："你的自尊何在？"所以如果你在热恋期遇到一个总是迟到的家伙，那么毫不迟疑地抛弃他是上上之策。不过，如果你们已经生米煮成熟饭，或者说已经步入婚姻殿堂了，那么可不像吃吃饭、喝喝茶那么简单了。你真想和你丈夫、孩子他爸离婚，仅仅由于他和你的约会迟到了？你真会抛弃你两年的男友，那个为你做早餐、听你抱怨、给你按摩脚底的家伙，仅仅由于他经常迟到？

弗洛伊德的建议就是两个字：真诚。（对这样的家伙真诚？真诚！）他建议说一些诸如这样的话："好像你在守时上有困难。这是一种性格缺陷。你应该成为一个工作守时以及各方面都守时的人，包括和我见面。这会让你更优秀的。"显而易见，如果你处于恋爱阶段，你肯定希望对方更优秀。不仅如此，他自己理应拥有一颗积极向上的心。

揭穿男人心：极品男友的真心话大拷问

男人迟到了，他们是怎样想的呢？我找到了前男友中一个经常迟到的家伙。他的回答简单明了。"我的想法是，"我前男友解释道，“我很忙。有时碰巧有事。我本意不想迟到的，或者迟到一小会儿，不过我可不想把注意力集中在这件事上。”切，谢谢了。真他妈的。

完美丈夫大起底：凭什么他最抢手

“我老婆就属于迟到一族。所以我常常带上黑莓手机，玩视频游戏。无论如何，如果我们在家见面，她能迟到半个小时。如果我们下班后在酒吧见面，她能迟到一刻钟。我已经知道千万不要在街头见，特别是在冬天。不过如果我迟到了……好吧，这样说吧，我在花店有个账户，我知道她最爱的花是什么。”（这家伙真是好得令人难以置信。）

女人帮女人：如何让他拜倒在你裙下

“我有着严格的10分钟法则。我只会等10分钟就走人。”（不要对我作任何修饰或隐瞒！同时，提醒我去见海伦娜永远不要迟到。）

女人新主张：DIY调教好男人

1. 如果他总是迟到，那你就不要按时赴约。

2. 下午3点左右打给他，告诉他你的会议时间，问问他那边的情况怎么样。既然你已经提醒了他要准时，如果他还迟到，那就不是你的错了。

3. 如果他迟到了，让他埋单。我是这样对付每一个迟到者的。这就是惩罚。最后，除非他非常有钱，否则这一定会督促他准时赴约的。

4. 宽容一些。这个城市里交通拥堵、意外不断。任何鸟事都会发生。只是不要让他们一直以此为借口。

5. 引用小熊维尼的名言（见篇首）。它这么可爱！谁能有异议呢？

6. 记住，许多女人也迟到。有些时候，我就是这样。

7. 如果你真的在开会的话，会前30分钟提醒他见面的事。

10

你放我鸽子？搞屁啊？

如果有人放你鸽子，但是你想见到这个家伙的心情又极为迫切，那你的心啊，肯定是被伤透了。不过这个虽然疼却是阵痛，总比坐卧不宁地琢磨某人究竟要迟到多长时间要强些。我曾经和一个投资银行家约会过（跟他交往后我的心灵受到了创伤，甚至3个月内都不敢走进银行，这其中的原因很多）。时间不属于他自己。他生活在一个扭曲的金钱世界里，在这个世界里股市和客户永远是第一位的，个人生活当然是排最后啦。几乎与此同时，我就意识到我在他的生活中只能退居其次，我在他那儿绝无可能是优先级。对这些我无所谓，因为我的工作也很忙，而且还是拥有一个女儿的单亲妈妈。他也不是我的头等大事。但是他总是放我的鸽子。有一次作好安排后我突然意识到我们的关系不可持续，我想知道："我需要洗个澡、打扮一番吗？他有70%的概率会放鸽子吧。"当你因为男友放你鸽子的概率很高而对是否要梳洗一番犹豫不决时，你该知道你们的关系已经是很糟糕了。

我知道他爱放鸽子。有一次我在杂货店挑选新鲜蔬菜为晚饭作准备，这时候他跟我说："我去不了了。晚点儿打给你。”显然，发生了一些重大的事，但是他告诉我遇到急事的方式实在不可理喻。他实在太过分了，在我朋友的婚礼之前闪人了。够酷！事实上我并不介意一个人去参加婚礼。我介意的是我要在婚礼前一晚通过邮件告诉朋友我只会一个人前往，因为男友不得不加班到周日晚上。

“有好多次了，我丈夫来得太迟了，还不如不露面呢。我跟他说过，这样会给人感觉他本来就没打算要过来。我独自招待他的客户就有好多次了，”我的一个朋友抱怨道，“当时的我浑身不自在，对我丈夫厌恶至极。”

不过还是有能跟放鸽子的恶习相提并论的，那就是之前就没作好打算。“他永远不会放我鸽子，因为他总是不明确表态。”我的一个朋友说，“他总是说：‘我不确定什么时候能到。’或者：‘我不确定要不要加班。’所以他从来没有个计划。”另一个朋友从不能确定她丈夫是否要放鸽子。“他的口头禅就是：‘当我该出现的时候就会出现。’”还有一个好友的男友最爱说的是：“我会在那儿等你。”她讨厌这句话。“他会在那儿等我？好吧，我可不这样认为。我们是在约会。我们要在一起。告诉我在哪里见面很粗鲁。特别是要去公园或者我完全不知道的某个地方。这让我感觉很不爽。他应该知道。他应该来接我，我们应该一起去才对。”

情感问诊室：45分钟价值200美元的情感攻略（合计：1800美元）

有时候弗洛伊德的话总是让我忍不住大笑。有时候他之所以值200美元可能就是因为他的一个笑容。我想说，弗洛伊德真的会带给我一些奇思妙想。如果你的男友或丈夫经常放你的鸽子，弗洛伊德建议对“取消”和“须知”进行一下探讨。就像航班和旅馆有取消预约须知，交往之中也可以有。如果放鸽子是个长期存在的问题，那么就需要一起制定个取消须知（包括拿到医生证明）。如果你取消了，将会有罚金或惩处（除非你有医生证明）。即使是弗洛伊德也同意你使用性惩罚。（不过这取决于你的性爱质量如何，这对你也是一种惩罚，所以我不太确定是否要用到这个。）尽管如此，我能想出林林总总针对放鸽子男友的惩罚措施。如果你取消，你必须铺一周的床。如果你取消，你必须给我买个礼物。你又取消了？那你整个礼拜负责哄小孩上床睡觉。你必须为我清理车子，我要去购物。你必须负责做晚饭，我要去做水疗。这样的体验肯定有趣极了！事实上，如果我们有取消补偿机制，我倒期待你放我鸽子咧。搞不好我还想求求你放我鸽子哪。

女人新主张：DIY调教好男人

1. 提前问一下他是否会放鸽子。如果他的回答是有可能，那出门去吧，该干吗干吗去。你没必要围着他转。他会懂的。

2. 借鉴弗洛伊德的建议，和你的另一半制定一个“取消须知”。好好享受这一切吧。如果你能找到有针对性的惩罚措施，你很可能会盼着他放鸽子呢。

3. 玩“角色置换”的游戏。在他身上尝试一下。如果他找你商量计划，回复他：“我可能会在那儿，也可能不在。”他会明白的。他会不喜欢的。这些他都能学会。

11

大男人抱怨不休，烦不烦？

如果你的男友或丈夫总是抱怨不休，那你应该明白他是一个成年抱怨者。我觉得我曾经的交往对象就是这类人，因为他的抱怨比我6岁的女儿还要多。他整天嘀嘀咕咕，抱怨起来没完没了。他曾抱怨夜以继日、无休止的工作。开始几个月我还能耐着性子听他说，毕竟，谁会喜欢工作呢，是吧？不管怎么说，当他对工作大发牢骚时，经常让我忘掉了自己的工作。而且我还努力表现出一个全力支持他的女朋友形象，这样的女朋友总是会聆听她们男人的倾诉，对吧？但是在我意识到我所说的、所做的对这个家伙停止抱怨没起到一丁点儿作用时，我仍然在听着，但是我会在网上搜搜世界各地的天气预报。他还在咆哮个不停时，我脑子里想的却是："哇，巴巴多斯[1]天气晴好，31度了耶！"以及："哦，巴黎有雨。"有天晚上，我想证实一下我的猜测，他真的是一个成人抱怨者吗，或者是我太挑剔了？每次他大发牢骚时，我总是静静地微笑着。现在，或

① 巴巴多斯，一个位于东加勒比海的岛国，是加勒比海地区著名的旅游胜地。——编者注

许你会说抱怨是沟通的一种方式，抑或是没话找话。如果是这样的话，那来看看我们的对话吧：

他：为什么这么多人排队看电影？

我：因为刚上映。

他：为什么人们总爱在首映的周末来看电影？

我：好玩吧，或者其他什么原因。

他：票真贵。电影票为什么这么贵啊？

我：因为电影票已经贵了15年了。你要来点儿爆米花吗？

他：好极了，另一条长龙。

我：拜托，我们现在是在电影院。

他：什么时候爆米花变得这么贵的？

我：15年前！

刹那间我明白了和我约会的是一个永不停息的抱怨者，我对他的兴趣大减。这不是件好事情。相反，非常严重。一个抱怨者每次脱口而出的是——“为什么老是这么多商业广告？”或者：“为啥个子高的老坐在前排？”对于他我越来越兴趣索然。突然之间，他不再炙手可热。我情不自禁地将他当做一个6岁的小男孩，说着诸如“妈咪，为什么队伍排得这么长？”和“为啥我不能得到那个玩具？”这样的话。没有什么比这能让你更快地丧失对一个男人的兴趣，除非你意识到他只是一个长着成人躯壳的小孩，而且他不是个好小孩，不具备好小孩的基本素质——超丰富的想象力。事实上，他身上的品质会让你忍不住发问：“为什么还要生一个小孩呢？”

虽然我经常这样教训女儿，可是我还是没办法跟约会对象说："别发牢骚了。我们在这儿呢。享受这一切，该死的。"虽然我内心里很想这么说，但我只是咀嚼了一下爆米花。

另一次我和这个家伙去一个酒店的酒吧玩，我喜欢那里的氛围。我们走进酒吧，他点了一杯酒。正如我所预料的那样，接下来他几乎歇斯底里了，冲着服务生大吼："什么？一瓶酒15美元？疯掉了吧！怎么这么贵？"我真是难为情死了，因为其一，如果你去酒吧，酒的价格就是这样的；其二，他为什么要冲服务生发牢骚？又不是她定的价。

我6岁的女儿是这么做的……

"我不喜欢这个苹果汁！"我女儿抱怨道。

"我们只有这些。"

"可是我不喜欢。"

"你是要它还是要水？"我说。

"但是它的味道太奇怪了。"

"苹果汁还是水？"

"好吧，我喝水。"我女儿会说。

我的一个已婚好友，她还没有小孩，也不想领养一个，因为她的丈夫也是个成人抱怨者。"他会说诸如'告诉我为什么要快乐地生活！'这样的话。"她说，"他总是这么说。他

会不停地抱怨工作、抱怨时间、抱怨同事。”我的朋友对这些抱怨完全不知所措，只能设法鼓励他振作起来，多想想好的一面。“他总是说我太乐观了，但他每次看到的都是消极的一面。在陷入他的抱怨之前我甚至连招呼都来不及打一声。”

揭穿男人心：极品男友的真心话大拷问

我问过前男友中属于成人抱怨者类型的，为什么他对任何事都会发牢骚。“可是事先我怎么可能知道？”他回答道，“事实上我已经变得好多了。我想我只是设法消除内心的不安。但是我确实不该抱怨这么多。”（哇！尽管他不再是我的男友了，但是我仍然愿意给他C，这说明他取得了一些进步。我不跟他在一起有点儿可惜啊！）

女人新主张：DIY调教好男人

1. 问问他：“你多大了？6岁小孩吗？”
2. 指出事情积极的一面。
3. 提醒他你只是想跟他在一起，但愿他会停止抱怨。
4. 女人也会抱怨，所以放他一马吧。

12

餐桌对面难道坐着一头猪?

男人就像葡萄酒。他们起初都像葡萄，女人的工作就是要一直地践踏他们，然后让他们进入黑暗中，直到他们成熟得可以让你希望在吃饭时想起来。

——佚名

“如果我儿子在吃饭时吮吸叉子或者张着嘴咀嚼，我过去常常会把他撵下餐桌。”我的一个妈妈级好友告诉我。然后她开始和一个糟糕的食客约会。她的男友每一次离开吃饭的饭店时，衬衫上总会沾上油渍。“简直难以相信。我的儿子都比他干净。”她说。

在我家里，一般来说，餐桌上绝不允许有动物行为。我和女儿不会像动物一样地吃饭，我们的动作不像，我们也不会制造出动物那样的声音。我们还有“ABC”法则，即我们不会展示“已经咀嚼过的食物”（Already Been Chewed）。

我曾经把一个男友所有“怪癖”似的饮食习惯前前后后想了一下，感觉这些我全都可以克服。每次当一盘食物摆放在他的面前时，他就会把一只手臂环绕在盘子边上，然后以极快的速度狼吞虎咽，就好像这是他一周的第一餐或者他被伺候的最后一餐。他紧紧搂着盘子，食物嗖嗖地进入他的嘴巴，让我感觉他是在大萧条时期长大……在孤儿院……受尽凌辱。真实情况是，在他成长的日子里，食物充沛，所以我不知道他的这种方式何时是个头。

实际上，当我发现他吃饭时的怪癖如此奇怪时，我曾经试着夹他盘里的菜以试试他的反应。结果实在太好笑了。这么说吧，我从他盘子里夹了一个橄榄，来听听他的叫嚷："那是我的！"脸上写满惊慌，然后把我的手臂移开。这让我不由自主地笑出声来。几个月后，我知道我们的关系已经发展到一定程度，因为当我从他盘子里夹菜时，他不会恐慌。（他的分数也从D提高到B，这说明他各方面表现得如预期般良好。）

和我的这位男友不同，其他男人即使愿意与爱人分享食物，也会出现这样那样的问题。"我们以前约会的时候，总会一起分享，"一个好友谈论起她现在的丈夫，"我吃三分之一，他吃三分之二。我会想：'好吧，我还是有点儿饿的。'当我们的关系更加正式以后，我们仍然会分享，我吃半盘，他吃半盘。接着我怀孕了，感到特别饿，但是他仍然和我分享食物。我害怕和他分享。但是他喜欢分享。老实说我想大哭一场，因为我总是饥肠辘辘。"

另一个朋友也在忍受她丈夫的独特饮食怪癖（不过这也说明了这个习惯并不那么独一无二）。"他讨厌分享。这真令人恼火。如果我们出去吃寿司，他总是点自己的最爱。"她说，

“如果我拿起他的盘子，他会很害怕。我也曾建议过他可以点些什么，那样我也可以分享一下。但是如果我不注意的话，他会拒绝告诉我他点了什么。真够荒唐的。”

我的朋友雪莉是好朋友当中结婚比较晚的，原因就是那个男人张着嘴吃饭（而且会展示“已经咀嚼过的食物”），让她花了很长时间才下决心结婚。现在，你可以像很多女人那样说，她对男人抱有不切实际的幻想。人们总是会告诉她，不能仅仅由于那家伙奇怪的吃相就拒绝和他约会。但问题是，她苦苦追寻，费尽心思，觉得自己找到了心目中的完美男人，除了一件事——他总是张大嘴吃饭。她怎么可能和一个张大嘴吃饭的男人交往呢？“我们第一次约会时没有在一起吃饭。我们只是一起走了走，喝了杯咖啡。我们边走边谈了好几个小时，但没有吃饭什么事。所以第一次约会后，我已经被他浑身散发出的魅力吸引住了。”她解释道。他们第二次约会时，才在一起吃饭，那个时候她才知道他是张大嘴吃饭的。“但是那时候，我已经非常喜欢他了。”她过了好久才和他摊牌，说出他的ABC问题。那时候大概是他们交往的第6个月，他们第一次结伴去墨西哥旅行。一天吃午饭的时候，她对他说：“我不能忍受你吃饭的时候张大嘴咀嚼，嘴里塞满东西还在说个不停。如果你不停止这种行为，我就换桌子了。”事实上，她还更进一步，直接告诉他如果他还是照旧，她就不再和他约会了。

现在，他们已经结婚3年了，幸福地生活在一起，还有了一个小孩。墨西哥的争执是他们迄今为止最大的争吵。她告诉我，如今她丈夫不再犯张大嘴吃饭的错误了。“他虽然还是不太明白，但是当我们在一起时，他会紧闭着嘴咀嚼。他是为了我才这么做的。”（她的丈夫可以得到A，因为他为了他的妻子付出了如此巨大的努力。）

另一个朋友的男友也是张大嘴吃饭的，她尝试跟她男友解释，作为一个总是和政要或者其他客户一起旅行的大牌律师，他真的应该尝试闭着嘴吃饭了。“我无法想象他在这些高层人士面前这样吃饭。”她说道，“但是谁知道呢？也许男人根本就不在意。或者，该死的，他们全都像他这样吃。我试着尽量不去想这个问题。”

其他男人（不是我的任何一个，谢天谢地）看起来也有这样的问题，他们吃饭时总是发出声音。（事实上，他们总是在吃东西时应该保持安静的问题上屡教不改。）另一个已婚好友总爱唠叨叫她丈夫吃饭时不要发出声音。“我在另一个房间都听得到他狠狠地咬碎食物的声音。”她解释道，“如果他边看电视边吃饭，而我在厨房时，我会冲他发火：‘你的声音我都能听到。’他会反唇相讥：‘关你什么事？我们都不在一个屋里。’”

还有一个朋友也讨厌丈夫的吃饭恶习。让她发疯的是他吃的东西。“他坐在电视机前，手中握着罐装的健怡胡椒博士饮料和泡泡糖。他会这个吸两口，拿出来，又把另一个放进嘴里。真他妈恶心。我一看到那瓶胡椒博士饮料就直打冷战。除了我丈夫外，还有哪个成年人吹他妈的泡泡糖？”她问道。

另一个女人对她丈夫上床前吃东西的习惯极为鄙视。“这个习惯太糟了。”她说。还有另一个好友说她丈夫吃起饭来就像一个“野人”。“他会用刀扎食物，喝汤时发出很响的声音。我完全没法忍受。真是令人作呕。”她还提到，“他会用餐巾擦鼻涕，继而用它擦桌子。还要我再说什么吗？”

完美丈夫大起底：凭什么他最抢手

“良好的举止和礼仪修养就是要慢下来。这是我所学到的经验。我过去喜欢狼吞虎咽，只是因为我是个男人，当我饿了，我只想尽可能快地吃进食物。但是当你慢下来，你就不会狼狈不堪、发出响声、令人作呕。我可不想在我们共享食物时，我的爱人要戴上耳塞或者遮住眼睛。所以我现在就是放慢速度。而且事实上，在放慢速度后，我感觉贼好。”

女人新主张：DIY调教好男人

1. 威胁要离开饭桌。嗨，我朋友尝试过，效果不错。

2. 告诉他闭着嘴咀嚼是良好的礼仪修养的表现。告诉他如果是和重要人物或客户一起吃饭，这会给他加分不少。

3. 用可爱的腔调说他的食物看起来很美味。如果他爱你的话，他会和你分享的。

4. 问他为什么要“伤害”食物，食物究竟把他怎么了。

5. 告诉他你打算换桌子了。

13

聚会时别忘了照顾好身边的女人

男人对内衣的要求和对女人的要求一样，要一点儿支持，还要一点儿自由。

——杰瑞·宋飞（Jerry Seinfeld）

男人可以很邪恶。是真的、真的邪恶。我的一个男性朋友曾经告诉我他会“试用”潜在女友，把她们带到一个谁都不知道的地方参加某项活动。比方说吧，他会带她们去参加派对，然后在要进屋时突然将她们丢下，继而在屋子的另一侧观察她们。如果他看到这个女人在这个除他之外再无熟人的地方依然能够游刃有余，几乎能跟任何一个人交谈，他会给她打出高分并留下深刻印象。但是如果他的约会对象整个晚上都特别依赖他，当他溜走时，还在茫然无措地寻找他，那他基本上不会再约她了。

是的，相当残酷的一种方式，只是为了看出这个女孩是哪一类型的。（事实上，真的很残酷。）但是没有人（包括我）想要在派对上做别人的保姆。尽管如此，如果你邀请我参加一个派对，让我自在、舒服也是你的职责所在。当我们走进去时，你有义务询问我是否要来杯饮料。你有责任将我介绍给陌生人。我不是要被照看，但是我要感受到你是希望我来的，我要感受到你真心为我骄傲。

最近我以女友的身份参加了一场婚礼。我的约会很成功。他把我介绍给其他人，和我一起去了吧台，与我共舞，表现得因为我的存在而备感自豪的感觉。（他可以得到A，因为他各方面的表现都很优异。）不过当天晚上，我碰到了高中的老同学，她好像也是以女友的身份参加活动的。她的约会对象是交往了两年的男友。一看到她，我就知道事情不妙。我只能告诉你她看起来相当愤怒。她和我打完招呼，就开始大发牢骚："我的男友完完全全地忽略我了。"她嚷嚷着。我让她先喝一杯，因为很显然她需要一杯（或者三杯），而且是马上。"我做不到！他让我开着车送他到这儿，只是为了让他可以海喝一顿。"她哭诉道。大概有10分钟吧（但是感觉有一小时那么长），我都在听她说"让我们看看他是否注意到我不开心"，以及"让我们看看晚宴前他是否会过来找我"。

她男友这样对待她确实可恶，但是我想知道的是她是如何与一个如此待她的男友相处的。（或许某些人的期望值比我要低！）

我的一个朋友跟我讲，不管何时跟她男友去参加派对，他都会与平时判若两人。"看起来我们不是一对夫妻一样。他会待在房间的另一侧，我只能玩我自己的。这总是让我感觉很受伤。"她抱怨道。

现在，跟着男人参加聚会的一个重要内容就是认识和介绍。介绍在一起出行中占有重要的地位。在其他人向我们走来之前，我已经站在了男友的身边。我不认识这些人，但我男友显然很熟悉。我站在那儿，面对其他夫妇不自然地微笑着，当然他们对我也不自然地微笑着，但整个过程中男友只知道不停地在抱怨什么。

许多女人都遇到过男人不主动将她们介绍给别人的情况。这不仅让我们感觉不受欢迎，而且非常粗鲁！这让我们感觉好像是因为我们在你们身边而让你们很尴尬。我们就像个隐形人。我也清楚，很多时候问题似乎来源于男人不记得名字。我们有多少人听到过“我不记得他们的名字了，否则我一定会介绍给你”？不过，我们仍然怀疑，难道不应该吗？“听着，我丈夫经常这样对我，”我的一个好友这样说，“我会站在那儿，就好像在说：‘喂，介绍一下你的妻子嘛！’但是我承认，我做得也不够好。我不会主动伸出手，介绍我自己。但是我是可以做到的。我需要在这方面表现得更好。”

另一个女人告诉我：“我的丈夫总是告诉我：‘如果我没有介绍你，那是因为我忘记他们的名字了。所以你要自我介绍，然后他们就会说出他们的名字。’”（我做了同样的事情。我告诉男友如果我没有介绍他，那是因为我忘记了交谈对象的名字。）而且，我们女人也不喜欢在派对上照看自己的男人。我的一个好友不再带她男友参加单位的聚会。“他总是心不甘情不愿，而且每次还要我来照料他，”她解释道，“我毫无乐趣可言，因为我总要担心他玩得好不好。如果我看到他孤零零地站在那儿，我总觉得自己有义务去确认下他是否还好。最终，他总会跟我说要提前离开，我会说：‘这个主意不错。’”

派对上也充斥着其他情况。总有些男人会无故离场，弄得你有时候还要猜测他们是否已经离开了，因为在洗手间不可能时间那么长，而且房间又不大。这在我的舞会上就发生过，至今仍然觉得很受伤。我的男友——第一个真正意义上的男友——决定和一些家伙去酒吧，此时舞会正在进行当中。15年后，我觉得男人似乎还在玩这种没影儿的事。“我丈夫每次见到老朋友总是高兴得忘乎所以，以至于完全忽略了我——他的妻子！”有个女人这样告诉我，“我要一直去找他，问其他人有没有看到他，估计所有人都认为我是一个丢失爱人的白痴，或许还会揣测我们是不是早已分居。而这个时候，他却在台阶上和几个老友叼着香烟。我想，至少他应该懂得起码的礼貌，告诉我一声他会离开我30分钟，或者叫我一起出去加入他们。”

揭穿男人心：极品男友的真心话大拷问

“男人！愿上帝保佑他们，”当我向一个前男友列数聚会时男人的种种行为时，他这样告诉我，“男人需要也想要结伴而行，但是他们总是处于一个逆反的模式当中。他们可不想成为家庭医生。他们参加派对，想要忘记他们正在交往或者已婚的现实。

“他们心想：‘太棒了，想跟妻子聊几句就聊几句，不想聊就不用开口。’如果在派对上，我们一群男人扎堆闲聊，这时一个女人向我们当中的一个家伙走来，那么所有人都知道：你妻子十有八九想加入我们了。当然她可没法融入我们的交谈，她的到来只会让热烈的气氛瞬间变冷。如果妻子或女友走过来，她的言行都会明显流露出‘请让我们加入你们吧’。女人们觉得她们的男人应该有时间概念。女人会不时地关心男人的状况，但是男人之间却不会这样。不过我的天，随着年龄的增长，我意识到我的行为实在太过分了！但是我所说的完全属实。”（至少他认识到他的行为太过分了。真是一件值得庆祝的事。）

完美丈夫大起底：凭什么他最抢手

“每次约会，总会出现这样的问题。女孩们经常对我说，如果我带她们参加聚会或婚礼并作为一次约会，‘我感觉到我们似乎不在一块儿’。或者她们会说：‘我感觉你因为我而局促不安。’但事实并不是这样。不过现在，我有自己的一套，我会在公共场合亲吻我的妻子。如果我们和很多朋友在一起烧烤野餐，我经常会给她做足底按摩。在公共场合为你生命中的女人做足底按摩是你们在一起的最有力的信号。”

女人新主张：DIY调教好男人

1. 在聚会或者活动前告诉他你有些紧张，如果他要确信你一切无恙，那就更棒了。

2. 首先一定要喝一杯。这会让事情变得容易一些，但是不要做过头了。

3. 别害羞！介绍自己！身为战无不胜的勇敢女人，这种感觉非常棒。

4. 不要太依赖你家那位。放自信些！

5. 如果他表现粗鲁，离开他。虽然心情很坏，但是待在家总比一个人在聚会上苦闷要强。

14

当众亲热。你不想让全世界都知道我是你的?

跟完美的模范丈夫不同，大多数男人在公共场合亲热上表现糟糕。“我丈夫从不会搂住我，从不会牵着我的手。”我的一个朋友说。我曾经交往过的一个家伙甚至不让我在他开车时握住他的手。我们可是在小轿车里！他会看着我像是在说：“你在干吗？”一个男性朋友告诉我大多数男人不喜欢牵手是因为“感觉很狼狈。好像我们再一次回到了7岁，牵着妈妈的手一样”。

我喜欢公共场合亲热。看到一对对情侣手牵手或者搂搂抱抱，感觉赏心悦目。这带给我希望。只要我没看到舌吻，或者其他应该在旅馆房间内发生的行为，那么我就觉得公共场合的亲热很可爱。我乐于看到。当我女儿在公共场合搂住我或者亲吻我或者对我说“我爱你”时，可不是只有我一个人在场。坦率地讲，她会亲在脸颊上，手会放在心上。

情感问诊室：45分钟价值200美元的情感攻略（合计：2000美元）

“这和亲密问题有关。首先我要问病人的问题是他们看见过父母公开亲热吗，这个很有效。”弗洛伊德说。但他同意我所说的：看到他人在公共场合亲热让人很舒服，并且带给我们希望！

揭穿男人心：极品男友的真心话大拷问

当我打电话给一个前男友问他为什么在公共场合亲热上表现糟糕时，他立刻回应道：“我不能忍受这个！”然后，因为他还喜欢着我，所以他设法尽最大努力回答这个问题。“在其他人面前搂着你让我很不自在。也许是胆小懦弱吧。听着，你真的想牵着我的手走进一家餐厅吗？”（“是的！”我告诉他。）“好吧，我私底下会表现得很亲昵。不管怎样，男人是个勇士。他们不希望周围有太多束缚。”（我对此的回应是：“嗯？”）然后他补充道，“如果你有个花瓶一样的老婆，然后你很自豪地牵着她的手或者搂着她，这不仅对其他男人表示‘我的老婆真的很火辣’，而且也是在向其他女人显示：‘嗨，我得到她了。所以我也可以得到你。’”（对此我的回应是：“所以你觉得我长得不够好看，达不到‘花瓶’的标准？”然后他显得惊慌失措，我们进入了一场小范围的争吵，这也提醒了我为什么我们没在一起。）

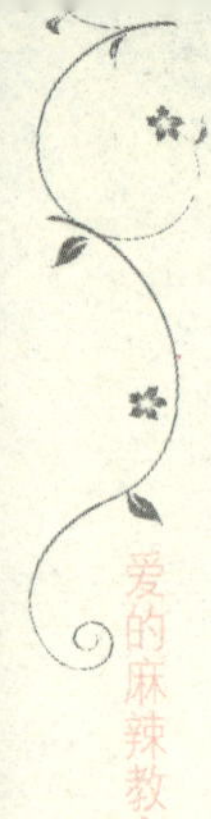

完美丈夫大起底：凭什么他最抢手

“哦，各位。我从不会让我的妻子置身交谈之外。我从不会长时间离开她。如果她享受交谈，我会给她一些空间。但是只要在那里，我们就会寸步不离。事实上，有时候在派对上我对她会感到抱歉。当我讲述一件她已经听过不下5次的事情时，我会注意她的表情。她会茫然地看着或者在想：‘你讲述的状况实际上没发生。’不过她会容忍我的。”

女人新主张：DIY调教好男人

1. 一脸花痴状地看着其他一对对情侣说“好甜蜜哦”。

2. 偷偷地、缓缓地伸出手去，然后轻轻地勾住他的手。

3. 撒个娇：“人家想来个拥抱嘛！”有哪个男人会拒绝你这样一个小小的要求呢?

4. 偷偷地告诉他这是爱的前戏，回到家后，他就清楚了这些动作究竟是从何而来的。告诉他公共场合亲密会转化成限制级的动作哦!

5. 或许你也不喜欢公共场合亲密。问问自己到底介不介意。

6. 注意啦，当你孤独时，或许他会疼着你、宠着你的。

15

你不会真的要穿着这个出门吧？

揭穿男人心：极品男友的真心话大拷问

这个前男友，平常来讲其实并不坏，但是在交往时却相当的愤世嫉俗，而且还是大懒虫一个。“如果你这么在乎我的穿着，你为什么不给我添置行头，这样我穿上就好啦。但我觉得女人私下里都希望自己的男人打扮得光鲜一点儿。她们想要你看起来魅力无穷，所以会花时间为你挑选各类时尚的衣着，然后看着你穿着它们出席各类派对，内心禁不住激动：‘真不赖，还是我的眼光独到，这身打扮让他看起来可真性感。哦，瞧瞧那些女孩们色迷迷的眼神，让她们嫉妒去吧！’所以我个人觉得女人其实并不希望我们展现出最帅气的一面。至于男人呢，我们倒是希望女人看起来足够火辣、性感！”（这个男人有足够的理由这么说，不要怀疑，因为他真的是帅呆了。尽管如此，我个人认为女人私下里希望男人看起来跟狗屎一样纯粹是胡说八道。）

和一位投资银行家结束交往以后，我对西装充满厌恶感。

与此同时，我开始厌倦和西装男约会。我已然对西装过敏了。（只可惜我并非真正地对西装过敏，我爱上了穿着体面西装的男人。）我开始和一个自由职业的网页设计师约会，我觉得非常棒的是他连一套西装都没有。他的衣橱里（或者是卧室的毯子上）几乎没有一件是需要干洗的。我就像呼吸到新鲜空气一样兴奋。直到他需要添置行头了，才会麻烦我。我想弄明白他究竟是如何做到身着衣领翘起、破洞频现的T恤在公共场合露面的。然后我就掉进了之前数不胜数的女人都曾掉进的陷阱，就像我们曾说过的那样，或许未来也不会停止这样说。我在一家设计师样品店闲逛，突然间看到一件男士毛衣。真漂亮。“我的新男友穿上它一定不错。”我发现我又开始胡思乱想了。我盯着价签。这件衣服真是太便宜了！我自己逛街却为他挑选衣服，我有多贴心啊！我脑海中禁不住浮现出他看到我为他买的这件毛衣后满眼放光、神采飞扬的情景。掉进这个陷阱太容易了。很快，不管何时我为自己买东西，结果总会聚焦在我男人这一块，只是看一看。显而易见，男人抓住了我们的心。他们知道如果继续穿破破烂烂的T恤，如果我们想和他们一起在公共场合出现的话，肯定会为他们买衣服。卑鄙的男人！他们是这么算计的吗？他们知道我们在看到他们无家可归的模样时会不舒服，看到他们污迹斑斑的衬衫时会感到困扰，并且最终为他们买衣服吗？

也许是这样吧。这让我想起了一位好友。“我别无选择，只有为他买衣服。他全身廉价包裹，没有任何风格可言。我成了他的私人导购。”她说。但是即使自己买衣服的男人看起来在挑选合适的衣服上也是困难重重。“我们要去一家中等档次的地方吃饭。他穿着一双带着尼龙搭扣的拖鞋就下楼了，这通常是在外面野营过夜时才穿的，上身是一件T恤。他真是一团糟!”当我问朋友她丈夫的穿着情况时，她告诉我：“我只会告诉他该换衣服了，或者亲自上阵给他挑选衣服，指导他该怎么穿。否则，你知道的，惨不忍睹。”

我6岁的女儿是这么做的……

“你穿的是什么？”我问她。

“我自己挑的。”我的女儿自豪地说着。

“我看到了。”我会说。

“我看起来不漂亮吗？”她会问。

“当然漂亮啦。我喜欢你穿着黄色背心和粉红色长袖衬衫，看起来就像公主一样。外面还穿着芭蕾舞裙？你真是个天才！而且你还穿着两种袜子？真是太漂亮啦！”（她才6岁。我允许她自己穿。人们会觉得很可爱。但是如果男人也这样，效果就大相径庭了！）

还有个女人跟我抱怨：“我必须提醒他我们不是去打高尔夫。我的潜台词是：‘别这样！我们是去参加葬礼。你是个成年人了，穿着要得体呀！’”

其他女人也曾陷入同样的陷阱。就像我所说的，就是这样发生了。“我第一次见到我丈夫，他穿着一条牛仔裤就来见我了，皮带扣上印着杂七杂八的字母。他还戴着耳环，看起来像是很糟糕的银戒指的那种。真是恐怖至极。”我认识的一个女人这样告诉我，丝毫不掩饰其厌恶之情。“我给他买了一条需要裁短的瑜伽裤，他告诉我：‘我弄不好！’我想说的则是：‘你办得到！8年当中你自己一件衣服都没买过！至少你可以去把裤子裁短吧。’”

事实证明，许多男人从没有为自己买过东西。从没有！我就知道一个男人，41岁了，从没有为他自己买过一件衣服。从没有。（我说过“从没有”这个词吗？）他妈妈一直为他买衣服，直到他搬出去住了，就改为姐姐来帮他。然后就是他女朋友为他买衣服。现在则是他的妻子。

我的另一个朋友一直因为衣服问题和她丈夫争执不休（凭你的感觉看，要不就是好事，要不就是坏事）。当她丈夫身着她厌恶至极的衣服时，她想出了一个绝妙的主意，至少对她起作用。“我无法决定他不去穿什么样的衣服。尽管如此，我可以极尽嘲笑之能事，这样下次他就不会再穿这一件。”比如，她丈夫身着印有大大的黄色条纹的毛衣，“我一整天都取笑他，称呼他为大黄蜂，问他是不是属大黄蜂的，像这样嘲弄他。他也曾穿过糟糕透顶的纯白色衬衫，看起来跟海盗毫无两样。我一直取笑他那件衬衫。”她再也没见过黄色毛衣或者纯白色衬衫。“就像我所说的，我无法决定他不去穿什么样的衣服，但是我可以极尽嘲笑之能事，这样下次他就不会再穿这一件了。”

下面的争论真实地发生在我朋友和她男友之间：

她：你穿这套衣服像个同性恋。

他：那又怎样？同性恋的穿着真的很有品位。

她：不是所有的同性恋穿着都有品位。

另一个已婚好友抱怨她丈夫邋遢的长袖衬衫，不仅皱巴巴的，而且沾满污渍。“他一点儿都不在乎他的外表。我总会叫他再套上其他的什么，好看上去能美观一些，他的回答总是：‘你又在乎什么呢？’我会回答：‘因为我希望你看起来干净一些！’”

我曾经约会过的一个家伙穿着令人毛骨悚然的牛仔裤。尽管如此，他还是拒绝扔掉。所以有一天，我将它们通通扔掉了。我不仅扔掉它们，而且还是从他的居所的阳台扔掉的。哈哈！（是啊，我可不是一直这样乐于助人哦。不过这次我要发发善心啦。这条肮脏的牛仔裤终于一去不复返了！）

甚至有其他男人自己穿得像屎一样还在抱怨我们的穿着。“我丈夫会告诉我：‘你别穿着这个出去。实在太破了。’第二天，他会穿着腋下糊满污垢的衣服出门。”一个女人这样告诉我。

女人帮女人：如何让他拜倒在你裙下

“我的大部分客户究竟希望她们的丈夫或男友穿成啥样

呢？你是说他们喜欢自己买的吗？他们看起来似乎不介意给他们的爱人买衣服。嗨，哪个女人不爱购物？你不喜欢购物吗？"海伦娜说。（是的，是的。我喜欢。我真的喜欢。）

女人新主张：DIY调教好男人

1.（温和地）嘲笑他的穿着。嘿，这被我的朋友证明是起作用的哦！

2. 开始为他买衣服了吗？千万不要啊，小心这是个陷阱。

3. 不要攻击他。可以换个说法试试："我看到几件衣服或许你会喜欢的，要不你去试试吧？"

4. 推荐一个你所熟知的销售员。

5. 如果你给他买东西，也给自己买些吧。这是你应得的！

6. 把你讨厌的衣服藏起来。就这么办。或者干脆去阳台上扔掉它。

16

和男人一起逛街：就像和鲨鱼一起游泳，甚至更糟！

最华美的衣服当属人的皮肤，

然而，社会要求的绝不止于此。

——马克·吐温

（他所说的“社会”一定指的是“女人”，嘻嘻！）

会有这么一段时间，通常是在热恋期，你会叫上那个家伙陪你一起逛街。他会欣然同意，因为他想取悦你。但是当几个月或者几年一闪而过后，他会完全没有兴趣再去做这些。他会陪着你去，在你试衣服时，他会一头扎到老公寄存处里，打几通电话或者给朋友发个短信。然后，我的天，我直到最近才意识到总有段时间你男人会叫你陪他一起去逛街。这么说吧，除非你是最有耐心的购物者，并且毫无怨言地爱着这个男人，否则这绝不可能成为你一生中的幸福时刻，至少对我来说完全不是。我一直认为男人不爱逛街，但是那个叫我陪他一起逛街的男人在挑选衣服时，比我所认识的大多数女人还要患得患失、优柔寡断。

当我走出试衣间，男人赞许地点点头，或者说：“看起来棒极了。”我会立刻买下试穿的衣服，因为它获得了“男友的认同或赞赏”。但是当我和一个男友逛街时，我试着提供帮助。“试试这双，这双，还有这双。”我边说边递给他三双鞋。现在，也许我不是安娜·温图尔[①]，但是我确实对鞋很熟悉。我知道自己想看到男友穿什么样的鞋，不穿什么样的鞋。“真的吗？这些？”他不住地问。“我蛮喜欢的。”我告诉他，“确实很适合你。”“我也蛮喜欢的，”他说，“确实不错。”我跟他说了可能不下40次，但是真正打动他、说服他，让他相信这双鞋非他莫属的可不是我。这完全是三位售货员的功劳。那么当我说“棒极了”时难道就是他耳边的一阵风吗？为什么三个陌生的女人就能让他相信那双鞋足够好呢？他到底跟谁约会呢，销售员还是我？我恨不得宁愿看到他穿着磨出洞的鞋子，也不愿再陪他一起逛街了。

我的一个朋友也是感同身受。她的男人讨厌逛街，但是却拖着她一起。这让她很不爽。为什么呢？“因为他会径直走向售货小姐说：‘最便宜的衣服在哪里？’”但这个家伙很有钱！他就是不想在衣服上花钱。

揭穿男人心：极品男友的真心话大拷问

我给一个很喜欢穿T恤的前男友打电话。那没什么问题。

---

① 安娜·温图尔（Anna Wintour），美国《时尚》杂志主编，她在时尚界影响力极大。——译者注

我喜欢穿T恤的男人，除了那些所有T恤的腋窝下都是洞洞的男人。为什么这些家伙的腋下都会有洞呢？为什么这些家伙在洗手间待这么长时间呢？真是个谜。“你知道的，女人不是为了男人穿衣，而是为了其他女人，”他解释道，“女人知道你是否穿着她们所称的马诺洛·布拉尼克牌（Manolo）的大号鞋。你懂的，大多数男人希望他们的女人身着蓝色牛仔裤和T恤衫，而不是打扮得花枝招展。男人会为了别的男人穿衣打扮吗？不会。”

女人新主张：DIY调教好男人

1. 当他走出试衣间时，投上赞许的目光，告诉他身着这件衣服真的很棒。悄悄地跟他讲这身打扮让你有扒光他的冲动。

2. 为他购买私人购物助理的礼品券。

3. 提醒他你真的很喜欢逛街，所以帮他挑选衣服不是多大的事儿。

4. 郑重地提醒他：跟你约会的可不是售货员美眉，而是老娘我！

5. 如果因为你是带着他一起逛街，所以他逛街的时候不得不带上你，那么告诉他或许他不一定非要叫上你一块儿去。

17
万恶的前妻（前女友）

在经历了和几个确实需要“饲养”的男人约会后，我意识到我已经触及自己的某些底线了。这就好像学习一门新的语言。有一天，你意识到自己可以说、听得懂了！我意识到了自己在男友身上想要的（需要的）。我也意识到不想在男友身上看到的。我不想我的男友看起来娶的还是前女友。

现在，在我这样的年纪（以及任何约会对象这样的年龄），我们都会有过去。任何年过三十的男人都会有过去。如果你足够幸运的话，他可能只有一个前女友或者两个。不过他可能有过前妻，甚至是前妻加孩子这样的组合。

没有什么比前女友或者前妻挥之不去更令人抓狂的了。之所以会挥之不去，更多地是由于你男友不想她真正地离去。（或者讲好听点儿，至少不会告诉她要离开。）

我知道我在说什么。我离婚后曾经认真地谈过一段感情，那个男人结婚20年了。虽然他和前妻离婚了，但我经常问自己（以及一众好姐妹），他的前妻真的意识到她已经离婚了吗？因为除了和他亲密地做爱外，她仍然为他做着只有妻子才该做的事。事实上，她对他照顾得比我还要周全。我曾经走进他的公寓（这是他前妻给他找的）看全新的装修（装修人员也是他前妻找的），他的厨房桌子上摆放了一盆鲜花。（他的前妻有这套房子的钥匙，花就是她买的。）

（对不起，我想休息会儿，出去溜达溜达，想起来仍然很气愤。我回来了。）

如果我跟你约会，而你和前妻有小孩，那我知道你们肯定会保持联络。但是这个家伙和他前妻并没有孩子。他的前妻也知道他在跟我约会，因为他告诉过她。

我当然会生气，因为她仍然占据了他大部分的生活。为了她，我们争执不休。实际上，我记得曾经对他大吵大闹过："除了你妈妈，我应该是你生活中最重要的！"（好吧，这并不是我最自豪的一刻。另外，我并不完美。可是问题是，我真的觉得，除了他妈妈，我应该是他最优先考虑的对象。）

"你不认为他们仍然保持友善的关系很好吗？"在我向弗洛伊德抱怨我男友的前妻问题时，他问我，"你不觉得这比他们彼此厌恶要好吗？"

"但是你不觉得这是对我的不尊重吗？"我反驳道，"我不应该是那个帮他寻找住所的人吗？我不应该是那个提供装修建议的人吗？他不应该回到我这儿来吗？"

弗洛伊德有点儿听明白我的意思了。不过只是一点点。他让我好好跟男友说说这件事。我照做了。我男友似乎也明白了，因为他不再去看她了。开玩笑！事实上，他并没有停止去看她。只是明明看了，他却跟我撒谎，然后我就会查明事实，事情发展成这样大有恶化之趋势。（说实话，他的综合素质很不错。他积极主动，床上功夫也不赖，还烧得一手好菜！当我由于女儿耽误时间而不得不取消约会时，他也不会乱发脾气。）

但之后，他前妻叫他开车送她去飞机场，并且声称如果他这样做了，可以把她的车借他开一星期。我一败涂地。因为，嗨，开车送人去机场是件很亲密的事情，难道不是吗？我的意思是，我朋友甚至都没叫我这么做过！

所以在下一次见面时我向弗洛伊德抱怨了一下这件事。“你做的是对的。界限要分明。”他说。（拜托！这正是我上次试图告诉他的。我为什么要再付200美元呢？）

我的一个最要好的朋友嫁给了一个离异男子，他有3个小孩。我跟她抱怨男友前妻的事情，她深有体会。“我深有同感，”她说，“我和丈夫去看足球赛，那是我们俩第一次一起去看他儿子的比赛，他却和前妻开始大谈特谈过去的美好时光，为了只有他俩听得懂的笑话开怀大笑。我随即给这一切画上了句号，我的理由是这让我感觉置身事外，深深地伤了我的心。”

不过随后她告诉我必须停止对前妻的指责。“你说我不能指责她是什么意思？她对他那样就好像他们还是夫妻似的。如果我不能指责她，那我该指责谁？谁需要为此负责！”我尖叫起来。

“他！”她大声说道，“你男友！指责他！是他促使她这样的！他为什么不阻止她为他所做的一切？”她说的没错！他为什么不阻止她为他所做的一切？真是一个“啊哈时刻”。

所以我平心静气地和男友坐下来，不管结果如何，解释清楚究竟是她还是我。他必须当下作出决断。他毫不拐弯抹角地告诉我他想和她一直做朋友，但是他也理解我的想法。然后他开始回到我这边，一些原本依靠前妻的事情也放到我这边。我感到安心多了，直到我真的理解了那句俗语“当心你的愿望”是多么的真实！

不得不称赞他，他真的履行了他的诺言。他带来了杂七杂八的令人头疼的东西，过去都是他的前妻帮他解决的。我是该高兴吧，是不是？但是我他妈的一直都要接到他有关各种问题的电话，诸如：“我的卧室需要挂帘子吗？”或者：“我今天该干吗呢？”以及：“我嗓子痛，不舒服。你说我该去看医生吗？”

就像你所看到的，这个家伙没有得到充分的“饲养”，甚至自己作个决定都办不到。我再也感觉不到我是他的女朋友了，我感觉自己完全就是他的老妈子。我真想跟他说：“让你的前妻归位吧！求求你了！”

当我分手后，我感觉自己逃过了一劫。我觉得，前妻应该拥有他。

说到过去，每个人都有一些。但是更重要的是你对待它的方式。男人知道女人涉及前妻总会出现问题。比如，我一个好友的丈夫坚持说他和一个女人就是普通的朋友关系。“7年后，我们喝得酩酊大醉，他承认他们做过几次。实际上是很多次。他花了7年时间才告诉我真相，尽管我隐隐约约有所察觉。”

情感问诊室：45分钟价值200美元的情感攻略（合计：2200美元）

弗洛伊德确实说过与前妻保持友好关系更好一些；尽管如此，界限仍需要明确。“和前妻一起吃午饭与周五晚上共进晚餐是有差别的。下班后见面喝一杯和共赴音乐会是有差别的。”他说。

女人帮女人：如何让他拜倒在你裙下

“事实上，我丈夫的前妻人非常好。她现在住在巴黎，上一周我们还通过电话。她真的是一个很可爱的人。我们的谈话也很愉快。从来没有感觉到什么威胁，因为他一直和我在一起。”（我的天，海伦娜，除了聪明睿智，还有该死的通情达理、慷慨大方。所以我才爱她。）

女人新主张：DIY调教好男人

1. 直接跟他讲：“你和前妻一起喝个咖啡，我没意见。但是如果你们共进晚餐，到凌晨两点才回家，那我会很生气。”

2. 提醒自己他是属于你的，不要表现得像受到什么威胁似的。你才是炸弹，他能跟你在一起绝对够幸运。

3. 提醒自己她之所以变成前妻是有原因的。

4. 永远不要说前妻的坏话。大度一点儿。

18

和异性做朋友，只是朋友吗？

哈利：当一个男人发现一个女人非常有吸引力的时候，他是不会和这个女人成为朋友的，他总是想得到这个女人。

莎莉：所以你的意思是当一个男人发现一个女人没有吸引力的时候，他会和这个女人成为朋友？

哈利：不是的。你不应该这么死板地理解。

莎莉：假设他们不想得到你呢，怎么办？

哈利：没关系，因为做爱已经发生了，所以友情也就到头了，故事也该结束了。

莎莉：好吧，我猜我们不会成为朋友的。

哈利：我想也是。

莎莉：那就太糟了。你是我在纽约唯一认识的人。

（节选自电影《当哈利遇到莎莉》（*When Harry Met Sally*），1989）

我认为和异性做朋友很重要。我的一个男性好友会陪我一起去看任何一部电影。他是我的电影好友。另一个男性朋友对衣服的品位很高，而且涉及男人的想法时总是能够提出好的建议，所以他给我有关男友的好建议并经常陪我逛街买衣服。但我的很多好友没有关系亲密的异性朋友。其中一个已婚好友说她丈夫不允许。很简单。她爱她丈夫，不想令他心生妒忌，所以不会跟其他男人出去。

有一阵我没觉得自己有多么了不起，我告诉我的男友他可以和前女友喝咖啡或者吃午饭或者偶尔通通电话，但是他在晚上6点以后就不能和她有任何瓜葛。背后的深意是必须要有界限，就像弗洛伊德告诉我的那样。你或许会奇怪我怎么会想到“6点以后不能见面”这个规则的。好吧，我当然是从另一个女人那儿获得的！这个女人对她的教授丈夫下班后还和其他同事（还有一大群女学生）在酒吧寻欢大为不满。“在他们和异性做朋友上你可不能表现出丝毫不满，即使你不喜欢，”我的一个好友叹息道，“这样他们就不会撒谎了。”她说得没错。

情感问诊室：45分钟价值200美元的情感攻略（合计：2400美元）

当我告诉弗洛伊德6点之后不能见面的规则后，他告诉我这真是荒谬可笑。“如果一个男人打算撒谎，那么随时都可以发生，而这正是女人所担心的。”

揭穿男人心：极品男友的真心话大拷问

“如果一个女人没有任何男性朋友，我觉得这意味着她不理解男人或者根本不喜欢男人。如果一个女人没有任何男性朋友，那意味着她们将50%的人口排除在外，或者没有男人喜欢她们。男人可以教会女人很多。”他说。（虽然这段话很有趣，但是你觉得值得为此付出代价吗？）

19

别当着我的面跟漂亮姑娘打情骂俏！

在任何城市的任何酒吧，找到上百个漂亮姑娘易如反掌。但是她们没有你有魅力、有头脑、有幽默感！（我这样告诉自己。）对于男友在我面前并不过火的调情我会认真对待。但是我猜测在我不在的时候他们也会打情骂俏，就像他们不在我身边的时候我也会这样。事实上，有时他们在身边时我也会打情骂俏，想让他们流露出一丝嫉妒，所以我只能善意地假设他们在我面前调情也是出于同样的目的。不过看看美女还可以接受，我也会盯着帅哥。我还活着。我是人。我们的男人也是人。我认识一个女人，在她和男友参加婚礼时，被男友弄得很不高兴。他忘记了赞美她，但是当他看到伴娘时，却不乏溢美之词——而且是对自己的女友说的！“我完全无法相信，”她说，“这不仅不是事实（指他称赞伴娘的那些话），而且让人伤心。他甚至没有意识到他做了这件事。说一遍，没什么。但是翻来覆去说了一遍又一遍呢？”我们只能说那晚不如预期中那样顺利。这样的男友我能说些什么呢？他就是个白痴。（至少在那个时刻是。）

调情可以是无害的。我发现，在爱情中感觉良好的人更爱调情。为什么呢？因为这无关紧要，不用担心被拒。我的一个男性朋友说在他的每一次交往中，有三件事至关重要：1）女人感觉不到受重视；2）他对感情太随性；3）他永远不能做错事。

情感问诊室：45分钟价值200美元的情感攻略（合计：2600美元）

弗洛伊德说他妻子曾告诉他："哪天你不再看女人了，那我就要开始担心了。"我问："为什么？因为她意识到你是个同性恋？"不，他回答，因为看美好的异性是"人的本性"。我反驳他，看没什么问题，但是一个男人翻来覆去地夸其他女人有多漂亮就有问题了。"在一定限度内去看没有问题。瞥一眼没啥问题。但是再看就不太好了。如果你们在爱情中感觉幸福、安全，你们就不会太在乎另一半是不是在看其他女人。"他说如果一个男人看一个女人一次，那他只是在辨认。两次，那就是吸引到他了。如果他还盯着看，那就不合适了。

女人帮女人：如何让他拜倒在你裙下

"我希望他看看漂亮女人！我告诉他可以欣赏一下，但是他说要回家陪老婆吃饭。我告诉他可以盯着看，但是他说哪有原配搭子好。"

女人新主张：DIY调教好男人

1. 告诉他海伦娜所说的话。他会欣赏一下，但是他还是得乖乖回家陪老婆大人吃饭。

2. 告诉你自己看看美人很正常啊。

3. 不要反应过火。

4. 不要怀疑你的魅力。他可能会看其他女人，但是请记住，他始终是跟你在一起的！

5. 建议你们一起和彼此感兴趣的男女聚聚，就像我，虽然我对于和我男友的前女友或者女性朋友见面并非真的有兴趣，但至少是一次很有趣的经历吧。

20

你掉到马桶里了吗？

“我真的觉得幸福婚姻的关键是有两个厕所。”我的一个大学同学说。当她第一次和她丈夫约会时，她怎么也想不通他家的垃圾怎么会放在厕所前面。“我最初以为保洁员拖完地，把垃圾丢错地方了。”她说。但是过了一周又一周，每次使用他的厕所时，她都会发现垃圾就放在厕所前面。直到他们买了房子住在一起——厕所不止一个——她才知道为什么每次垃圾都刚好放在厕所前面。因为他会带着笔记本去厕所工作，并且在……的时候，你知道的……发邮件。“坦率地讲，”她重复道，“幸福婚姻的关键是有两个厕所。”（我也觉得幸福感情的关键是一个好管家。）

如果她丈夫在厕所待了很长时间，她不会在外面拼命敲门，事实上她会发个邮件给他。“我要走了。你这次时间会很长吗？”她会这样写。所以我猜测，对于在厕所中用电脑工作的男人，仍有一线希望。他收到了她的邮件。

我女儿6岁大了，她知道在学校里只能使用女厕所，尽管是独立的厕所。她跟我说:“为什么男孩子要尿在地上或座位上？”问得真好。我也很乐意回答，所以我回答她：“男孩子令人恶心。”我告诉她。这是我送给她的最重要的生活教训。她迟早会明白的。

男人是有点儿恶心的。但是有哪个女人不记得第一次亲热时，害怕男人闻到不好的气味，然后意识到我们不是他们所认为的闻起来总是香香的女孩？

我的一个已婚好友告诉我：“我丈夫每天早上都要去大便。这倒并没有让我困扰。我们家订阅了两种报纸，但是他把两份都带过去了。坦率地讲，他在厕所待的时间太长了，甚至我淋浴的时候他还待在那儿工作，我都快迟到了。”嗯，唉！

在我有了女儿之后，讲起大便更自在些。可能是由于我总是会问：“你拉臭臭了吗？”或者：“你需要拉臭臭吗？”或者：“或许你该拉臭臭了。”有时候我还要给她擦干净屁股，所以情况变得一团糟。我跟男人约会时，过一段时间就会知会他：“那个，我要去大便。”他看起来好像在想：“不会吧。你非要那样讲吗？你为什么要那样讲呢？”所以男孩子也不想知道我们究竟在里面干吗。

我一个朋友迫使她丈夫坐下来尿尿。“我不在乎这样做是不是荒诞。因为当我走进洗手间时，总是感觉踩上去湿漉漉的，我不确定是淋浴时溅出的水滴还是他尿尿时溅出来的。我可不想去试一试。”她解释道。

另一个好友想不通她丈夫为什么每天要去4次洗手间，每次要待半个小时。“他总是在最不合宜的时间去，比如小孩醒来或者一件家具正运进来时。”我的另一个男友喜欢说：“我还要送小孩。”事实上他没有任何小孩要送。他每次要大便时就会这样讲。就是这样。好吧，我笑了。至少头几次他就是这么说的。

揭穿男人心：极品男友的真心话大拷问

我打电话给一个前男友，询问他的如厕习惯，不过他不愿意解释为什么在洗手间待那么长时间。尽管如此，他还是告诉我：“在我认识你的两年里，我感觉我们在一起时你只去过两次洗手间。”对极了！但你猜怎么着？男人不想与我们共享洗手间。我问过一个男性朋友关于洗手间和交往的问题，他说：“男人和女人永远不能共享一个洗手间的。”他和女友在巴黎待了两周时间，据他所知，她从没有小便过。“有时候她会建议我们去酒店或旅馆的酒吧去喝一杯，然后她就消失15分钟去‘补补妆’。我很尊重她这样的行为。”

女人新主张：DIY调教好男人

1. 尽量不要去想它。这样会比较好。

2. 当你们住在一起时争取安排两个卫生间。

3. 保持洗手间的空气清新、地面干燥。

4. 在洗手间放个闹铃，并设定闹铃的时间。

21

别让我闻到你放的屁

我的女儿总是会放屁。她6岁了，觉得这很有趣。她是被允许这样做的，因为当你6岁时，这确实有趣。但是随后她就会道歉，因为我已经向她灌输了这样的观念。“喂，你可以说声‘不好意思’或者离开房间吗？”我还要再说吗？我朋友的丈夫会放出非常难闻的气体。当他们受邀在某人家里参加晚宴，她被问到他们家是否有饮食的忌讳时，她总是会回答：“我们都不喜欢吃甜食。”她告诉我，“我丈夫总是一副‘搞错了吧’的表情。是的，我们并非不喜欢吃甜食。但是我可不想整晚和他放出的气体作斗争。”

完美丈夫大起底：凭什么他最抢手

“我会关上门说：‘亲爱的，别去那儿。’但是女人很难说出口。”他说。是的，我们确实是这样。真令人尴尬。这是生活的一部分。但它仍然让我们困窘。

女人帮女人：如何让他拜倒在你裙下

“是的，男人会在你面前放屁。我想的是：‘你太过分了！’我永远不会这么做！在我结婚前我曾经很认真地谈了一个男朋友，我直言不讳地告诉他：‘如果你不把屁眼塞起来，那么我来帮你好了。’我告诉他我会放屁，但不晓得为什么，我不会在其他人面前放屁！”

女人新主张：DIY调教好男人

1. 问问他可否离开这间屋子。或者提醒他至少该说一声“不好意思”。

2. 告诉他，你的心情因此变差。

3. 如果你做得到的话，那就尽情地嘲笑他吧。

4. 就像海伦娜一样，威胁要把他的屁眼塞住。

5. 记住，男女有别。在这样一种情境下，男女的差别很明显。

6. 告诉他这一点儿也不有趣。

7. 问问他你上次在他面前放屁是什么时候。

22

心领神会：我想独自待一会儿

女人需要体验活在当下的孤寂和反省的真实瞬间来平衡我们的付出。

——芭芭拉·安吉丽思(Barbara De Angelis)

揭穿男人心：极品男友的真心话大拷问

我是一个需要独处的人。我需要很多独自度过的时间。比如，我喜欢一个人坐在电视机前抱着零食吃。或者，在漫长的一天即将过去，在我打了一天电话或者参加会议之后，我就想静静地坐着。我问过一个前男友，当我因为他哇啦哇啦说个不停影响我的安静独处而心烦时，他也会感到恼火，不晓得他现在有没有整明白是怎么回事。“当你累了一整天后，精神状态看上去比较差。但你却善意地告诉我你想要独处或者需要独处时间。你不停地说不停地说。好吧，如果你告诉别人你需要独处，这确实是个不错的暗示。你这一招对我屡试不爽。当你看着我眼神冒火，好像要杀了我时，我知道你需要独处了。当你停止开玩笑后，我知道你需要独处了。”（不要要求太高了，但有时他的笑话却一点儿都不好笑！）

有一天我和一个在家工作的闺蜜在外面谈事情。我们经常在这家很可爱的咖啡店见面，刚好在她家对面。我把车停在她家的私人通道上。当我们走出咖啡店，她看到她丈夫的车停在通道上，她的脸立刻拉下来了。确实是拉下来了。“好极了。”她说，“我丈夫回家了。”现在，千万不要搞错，他们彼此忠诚。他们沟通顺畅。他们彼此评价很高，而且积极主动。在结婚14年之后，他们彼此仍互相吸引着。“只要他一回家，我就无法工作，”我朋友咕哝道，“他喜欢在屋里走来走去，制造出很大的噪音。”

另一个朋友是个医生，她经常筋疲力尽地回到家。“我需要时间去缓解压力，但我丈夫总是让我无法如愿。我只想躺下来歇15分钟，但是他却不能容忍。我就想说：‘当你需要独处时我总是满足你，请给予我同等的待遇。’”

23
别再带一堆人回来通宵喝酒了，我已经忍无可忍！

“他不明白，”我的一个朋友抱怨道，“他和一群家伙出去，然后由于这样那样的原因，他会邀请几个人回到住处喝啤酒。喂！我们有两个小孩。我们明天还要去工作，这是个周日的晚上。当然，我看起来像个臭娘们。我从不跟他们打招呼，当然，他们进来时也很局促。我丈夫会对我发火，因为他认为我使他在朋友面前尴尬。但是他优先考虑的是谁啊？”

另一个朋友说她和丈夫之间有很大的不同。“我喜欢早睡，因为如果晚上睡得不好的话，整个人的精神状态会非常差。当我们第一次约会时，见面地点热闹无比。但是让我们面对现实吧：我岁数大了。我想休息。我对玩到凌晨两点的聚会丝毫没有兴趣。但我的丈夫却状态极佳。我只能告诉他我要离开。我跟他讲把朋友带回家不太好。”

另一个好友需要忍受她丈夫周末通宵打牌。“这还不是很糟，因为他的朋友每个月只会来一次。但是毕竟每个月都要恐惧那么一次。”

女人新主张：DIY调教好男人

1. 在他早上出门前，告诉他你今天精神状态不太好，想要睡个踏实觉。

2. 在他朋友面前永远不要让他难堪。如果你想单独待一会儿，征求一下他的意见。你可不想自己看起来像个婊子一样。

3. 告诉他如果他朋友30分钟后离开，那就没有问题。当然，你也会从中受益。

4. 买一台噪音机[①]。行得通的。

5. 提醒他你们家可不是娱乐场所。

① 噪音机能发出诸如海浪声、雨声之类的声音，能掩盖令人不悦的声音，也能帮助入睡。——译者注

第一时间揭示男友/丈夫

成 绩 单

（随时可以通过邮件发给你的伴侣！）

他会为他的所作所为负责吗？

A　B　C　D

他会接受你的劝告吗？

A　B　C　D

他跟别人一起工作和娱乐吗？

A　B　C　D

他会管理好自己的财产吗？

A　B　C　D

他会遵守既定规则和惯例吗？

A　B　C　D

点评：

第3篇

哦，男人

（开门/家务/性/生病）

24

喂！我就在你后面！

研究显示，比起相貌出众但粗俗无礼的人，有将近九成的加拿大人更倾心于相貌平平但彬彬有礼的人。

——《安格斯列特研究》，2010年

那个写过“没有了你我如何活下去”（亲自写在稿纸上）的家伙看起来把我弄成脑震荡后依然能够活下去。因为已经发生过——或者肯定要发生——每次我们进出有门的地方时就是这样。这个没有了我就活不下去的男人总是忘记我就在他后面。“谢谢，”我不止一次地说，希望他可以明白，“还有什么能比脑袋被门夹住让我更清醒和幸福呢！”他终于明白——直到下一次我们进出门时。你没有意识到你进进出出了多少个门，直到你跟一个男人交往，而他却不为你开门。相信我，门常常会夹住你的脑袋！我认为，礼貌只是懒惰的高度进化形式。所以或者是我的男友懒惰到骨子里，或者他毫无礼貌。（或者也许两方面都有。）

其他女人讨厌她们的爱人走得飞快，将她们远远抛在后面，所以她们一直在追逐着。“我告诉他我们是在浪漫地闲逛，而他健步如飞，我只能苦苦追赶。”我的一个朋友说，她喜欢晚上和男友一起散散步。

另一个朋友说她男友总是在大雨滂沱的时候留下她一个人自己照顾自己。“如果我们把车停在某个地方，他会下车说：‘我们在那儿见！’浪漫吧，是吗？要是正在下雪，外面很冷的话，他也会这么做。我心想：‘你就不能等我一下，把我搂在怀里吗！’”

在一些基本的礼仪方面男人依然会犯无知的毛病。“有一次我和男友一起去参观他的新房子，那个房子还是毛坯房。”一个朋友说，“到处是瓦砾，而我穿着高跟鞋，因为我总是穿高跟鞋。他没有留意到，或者说他根本就不在乎我的安全。可以说，这至少是不礼貌的。他从不会朝身后看看我是不是还好。而事实上我一点儿也不好。每走一步，我都觉得自己要彻底垮了。尽管如此，他对我还是滚烫得像地狱一样。”她说。不过她甩了他。她不知道怎么来应付他的冷热失调，尽管他如此性感。

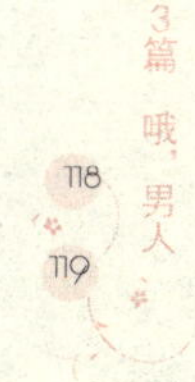

揭穿男人心：极品男友的真心话大拷问

“我们一直都没有想到你们。”那个老是忘掉为我开门、穿越街道时似乎把我完全忘记的家伙跟我说。“这是一种非常复杂的文化。女人们想要我们为她们开门吗？她们会认为这更男人一点儿，还是少了一丝男人味儿？而且，这些事情——像和你们并肩而行、打开车门——是永无止境的。男人们已经花了生命中的大部分时间在为她们开门以及按她们的步伐行走上。然后他们结了婚或者正式确立关系，现在，在他们余下的生命里，仍然不得不为其他人开门？”（这是你听过的最烂的理由吗？）

完美丈夫大起底：凭什么他最抢手

“我想说除了忠诚以外，成为一个好男友或好丈夫，95%取决于简单的事情。你不能让我们看起来更高大，你不能让我们看起来更光鲜，你不能让我们看起来更有趣。但是你可以‘饲养’我们开门。首先，我真的会忘记，听起来似乎难以相信，但是我会辨认出是不是有女人离我四步远，然后有人会为她开门。现在如果我忘记了，我要道歉。这看起来比较容易实现。就这样做吧，你会明白的。因为开门是相当容易的事，这会让女人开心。这些容易的事有多容易啊。”（说得太好了！）

女人帮女人：如何让他拜倒在你裙下

“这并没有困扰到我。他经常帮我搬重物，所以在这方面他是个绅士。我可以自己开门。”（另外，海伦娜真他妈的通情达理。）

女人新主张：DIY调教好男人

1. 站在里面纹丝不动直到他返回为你开门。渐渐地，他会习惯成自然的。

2. 在车上也是如此。不要走出来直到他过来等你。渐渐地，他会习惯成自然的。

3. 这对你来说是什么大不了的事吗？或许不是吧。请作出明智的选择。或许你不会介意为你自己开门吧。

4. 提醒一下他爱的人是你，如果他爱你的话，他会担心你被车撞了（因为最终他会非常非常内疚）。

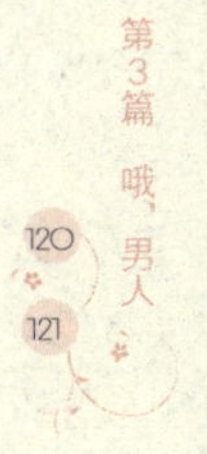

25
打开“嘿咻”那扇门

完美丈夫大起底：凭什么他最抢手

“性代表亲密，但是亲密并不总是性。有时我和妻子挤在沙发上，身上盖着毛毯，各自看各自的书。我们的脚趾会碰触着。这感觉就跟做爱一样，完美极了。”

揭穿男人心：极品男友的真心话大拷问

我和一个前男友发生过性关系。我实在记不起来有什么时候不想和他做爱，除非生病了或者来大姨妈了。我想听到他的想法，因为我知道他痴迷于性爱，但是我想知道在交往的过程中究竟女人比男人要得多还是恰恰相反。“我记得有一个晚上你不想做爱。”他说。我也记得那一夜，我告诉他：“我们那晚做了两次！”他说：“没错，但是你不想来第三次。”（好吧，或许他不是最适合的询问对象，但是他的想法是吸引我的。）

这是一个非常有趣的笑话，它从一个88岁的老人那儿传到他的儿子那里，也就是我男友那儿，然后男友又讲给了我听。你知道这应该很不错，因为它来自一个已经结婚60多年的男人！这个男人告诉他的儿子：“你晚上和女友或妻子上床时，递给她

两小瓶雅维布洛芬[①]。如果她说：‘我头不痛。’那么你就知道她没有任何理由不和你做爱了。”哈！很有趣吧，是吗？我可不会撒谎。我们女人确实使用头痛这一招，当我们筋疲力尽，根本不想做爱时。（警告：如果你丈夫递给你两小瓶蓝色的雅维布洛芬，那就收下吧，如果你不想做爱的话。）尽管如此，即使我们非常疲倦，我们也明白只要做一次，我们就会享受鱼水之欢。但是我们中的一部分人，正在饲养男友，知道为什么如此疲倦：因为我们同时也是男人的母亲。真是精疲力竭！

这就是为什么每次我的已婚好友要和丈夫出去度假时总会抱怨："我猜我不得不和他做爱。"每次听到这个，我都不知道是该笑还是该哭。他们每年出去一次（或者是两次）。难道这意味着他们每年只做一次（或者两次）爱？她真的不想和她丈夫过性生活。为什么呢？因为他从不会赞美她，从不为他们的旅行作精心的设计，从不做一点儿家务活。了解这些之后，你还会觉得她在旅行中一心只想睡觉，而不想和他做爱奇怪吗？但是我无暇顾及她的性生活，或者性生活的匮乏。我这边也是火烧眉毛一团糟。

有趣的是，除了上面提到的这位，我的大多数已婚好友的需求要明显强于她们的丈夫。“在我们刚结婚时，我们一周要做10次或12次，”我的闺蜜告诉我，(什么???)“我们有时一天要做两次。”她说，（什么???）“但有了小孩以后，我的需求更旺盛了，我会先上楼去，并跟他说：‘如果你想要什么的

① 雅维布洛芬（Advil），一种主要成分为布洛芬的止痛药。——译者注

话那就快上来吧！’但是他不会上楼。他会坐在那儿看体育比赛。”那么他不上来的话后果如何呢？“我知道明天后天都不会过性生活了。”她叹息道。

你在交往初期设立的做爱标准（每晚，或者像我朋友一样，一周12次！）往往在日后是高不可攀、很难达到的。一旦充满渴盼的目光不再，你该意识到你不可能在床上待上一整天，因为你可能会被休了。

当我不想做的时候，我会问我自己：“我会为了感情作出牺牲吗？”或者你只在双方都有需求的时候才去做。让我们休息一下，想一想。

我也学到了，如果男人没能取悦女人，女人并不会说出来。我的一个好友已经谈了三年恋爱了，她男友永远找不到她的阴蒂。她不愿意说出来，所以她总是不能尽兴，得不到满足。实际上，确实毫无乐趣可言。我的一个好友最近和丈夫交谈了一次。在他们结婚后的大多数时间里——到现在大概有10年了——他们每周要做三次。这个数字直线下降直到现在一周一次。“我跟他讲：‘我们不是一周一次的夫妻，是不是？’”她告诉我。她的丈夫的回答是：“我们当然不是一周一次的夫妻。我们是一周三次的夫妻。很抱歉我太疲劳、太忙了。”

我跟男人和女人都谈论过性生活。可笑的是，男人想要被追着做，女人也是。所以如果男人不追着女人做，那么女人也不会追着男人做。如果女人不追着男人做，那么男人也不会追着女人做。这意味着好多性生活不会发生。你不觉得这很悲哀吗？

26

有一点点色情

聊聊晚上做爱和早晨做爱的问题……

当然，选择早晨做爱还是晚上做爱确实是个问题。如果够幸运的话，你和爱人会达成共识。你们都更偏爱早晨做爱，或者都更偏爱晚上做爱。或者，最理想的是你们两个都爱。但通常，我发现男人喜欢在早晨做。女人早晨喜欢喝咖啡。有些女人喜欢早晨做，但是我笼统地讲，女人早晨偏爱咖啡多一些。“我们第一次约会时，我们早晨和晚上都做了。”一个好友告诉我，“现在我们有了两个小孩，我们在早晨做的概率更大一些，但是没想象的好，通常都是敷衍了事。而且我偏爱晚上做爱的原因还有他早晨的口气很不好。当然，晚上我经常太累了不想做。”

坦率地讲：早晨做爱有点儿难度。如果男人早晨有尿意，那么很难释放出来。我只是说说而已。（真庆幸我不是个男人！）

很多男人喜欢色情小说和电影。令人吃惊，我知道。有些女人会觉得很烦人。“我过去在乎，现在已经看开了。他们是男人。”我的一个朋友告诉我，“如果不涉及做爱，那就没有关系。只要不影响我们的感情，那就没什么大不了的了。”我也同意她的观点。（或许你不同意，但是确实还不错。我们应该有自己的立场。）

聊聊是开灯做还是关灯做的问题……

如果我喝得酩酊大醉后发生性关系，我不介意灯是不是开着，因为我醉了。但是如果我在清醒状态下做爱（99%的情况下），我喜欢关着灯。“如果她们很漂亮，你是想开着灯的。”我的一个男性朋友说，“但是大多数女人都感觉不大自在，所以她们希望关着灯。”或许这是我们女人的基因所决定的。或者如果我们得到更多的赞美，我们就不会不自在，然后更愿意开着灯做。现在，由于大多数男人确实喜欢开着灯做，我会作出妥协。我不会说因为这个所以使用了调光器，虽然确实如此。所以，女孩们，买一个调光器吧。我也知道把毛巾或纸搭在灯上，灯光会变暗……一个不错的方式。特别是毛巾或纸是红色的时候。在红灯下每个人看起来都要迷人一些。这是给你们的一些小建议，我的朋友。

聊聊拥抱……

“做完爱后你从不拥抱我。”我跟男友讲。我不确信自己是否真的这么在乎，因为他确实很疲倦，压在他身上可能是种伤害，但我确实在乎他是否表现出拥抱我的欲望。

“我当然想抱你。”他告诉我。

“等等，就3秒钟，然后你躺下来，沉沉睡去。”我回答道。

“是的，但我确实拥抱了，不是吗？”（我感觉到3秒钟的弥足珍贵。）

我的一个朋友每次做爱后也得不到拥抱。“他流了不少汗，感觉做完爱后他非常热。所以我也只得到3秒钟。”

拥抱真好。我喜欢拥抱。我不是说要你一整夜都抱着我，因为那样很难入睡，但是拥抱超过3秒可以吗，20秒怎么样？

情感问诊室：45分钟价值200美元的情感攻略（合计：2800美元）

我问弗洛伊德他的病人是如何谈论性生活的。“最普遍的情况都是由于无知。情侣之间一方对性生活的渴求往往强于另一方。这不是性别偏见。对一方来说，一周一次就足够了。但对另一方，一周三次还差不多。想要一周三次的一方因此感觉不妥，认为自己本该要求得少一些……目标并不是自以为是。”他说。他给我讲了一个故事，丈夫经常在做爱前要看色情电影。因为他已经释放过了（或许不止一次），他们做爱持续的时间会很长。这也是他爱人所喜欢的。

“人们不想谈论这个，但是事实上不必掩饰。他们可以喝咖啡时聊聊。”弗洛伊德说。（真的？喝咖啡时？这多奇怪啊！）而且，弗洛伊德说，不要忘记表扬男人。“我们都知道对男人来说，最大的耻辱就是女人跟他说他的小弟弟太小。对一个男人来说，听到女友说‘我不想做爱’那真是个侮辱。”

揭穿男人心：极品男友的真心话大拷问

无论和哪一任男友在一起，我都对性生活兴致盎然。或许是由于我们并不是每晚都待在一起，或许是由于我喜欢做爱，他们也是。通常我们的性爱都很激情。（我们在性生活上很和谐，但这并不意味着我们在其他方面都很和谐，所以千万别嫉妒。）我问过一个前男友，他这个人快人快语。我问他如果一个男人长时间不想和妻子或女友做爱，这意味着什么。“这意味着他们之间再无性趣可言。”（好吧。唉哟！）

女人新主张：DIY调教好男人

1. 虽然挺难，但是最好讨论一下你们想要多少次！

2. 主动出击。

3. 穿上性感的内衣给他一个惊喜吧。

4. 问问他喜欢什么，告诉他你喜欢什么。

5. 我仍然相信有时你需要作出妥协。同样，跟他讲他应该作出妥协。我的意思是，有谁做爱后不觉得更亲密了？

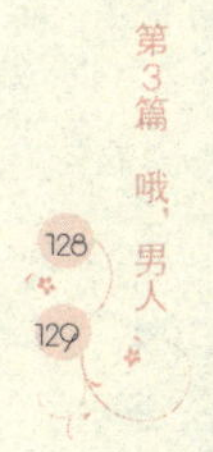

27

难道你看不见洗碗机吗?

揭穿男人心：极品男友的真心话大拷问

“在我冲了麦片后你问我为什么要把麦片盒子丢掉，这就好像在问是否有解决办法。”我的前男友说，在我抱怨他不止一次地没把麦片盒子放到它应该待的地方（碗柜）后。“对男人来说，没有答案。一旦我们吃完麦片，麦片盒子就没有存在的必要了。就是这样。”他笑着说，“而且我们知道有人会这么做的。”（因为，此刻，也就是我写这本书的时候正跟这个家伙约会呢，他还说：“而且，你早上也把麦片盒子扔了！”）好吧，那又怎样。你扔的次数比我多。哈！

我6岁的女儿是这么做的……

“不好意思！刚才是你把脏衣服扔到地上了吗？”我说。

“是的。”我女儿回答道（笑着）。

“那么，它们该去哪儿呢？”我追问。

“洗衣房。”她说，咧着嘴笑。

“没错。”我说。

她会捡起衣服，把它们放到转筒里。

“你是不是忘记拿内衣了？”

“嗯。”她回应道，捡起内衣放到洗衣房。

当我20多岁时（在我意识到男人应该饲养之前），我和一个男人住在一起有两年多。我们交往中最大的问题并非他得上夜班，我白天在学校，而是我比较懒。他也是，但比我好点儿。（我承认，在清洁工作方面，我没有形成良好的习惯，直到成为母亲后才有所改观。）不管怎样，我们总是会为我的懒惰争吵。我妈妈的建议是雇一个清洁女工。但我当时在大学里，没有多少钱，不过话说回来，你放弃某些东西的时候就会有钱的。雇佣清洁女工拯救了我们的感情。（好吧，其实时间也不长，但确实比我们想要的要长。）但是男人看起来似乎从不学习如何自我清理。

“4年了，我从没看到我丈夫用过洗碗机。”我朋友说，让人瞠目结舌，“这根本就讲不通。”就像我从很多女人那儿听到的故事一样，她想不出为什么她丈夫要把脏盘子拿到水槽里，却从来不试试伸手就能够到的洗碗机。“我告诉过他孩子们长大了，他应该放到洗碗机里，因为孩子们都看着呢。”她说。

男人怎么会这样？这个家伙为什么冲了一碗麦片，喝完之后，就把碗扔在厨房的灶台上，而对就在手边的洗碗机视而不见呢？唉，大多数女人都无法理解。

另一个朋友抱怨："他从不会做一点儿清洁工作。他从不会清理自己留下的烂摊子，所以当我们决定打扫时，总要花费数个小时。我试着告诉他不要每天下班就将裤子扔到地上，如果他立刻清洗会是很容易的一件事。"

现在我30多岁了，大多数朋友都结婚了，我注意到她们抱怨的头号问题就是她们的丈夫从不做家务。一个朋友说："他唯一做的就是在周日晚上把垃圾扔到外面去。那就是他所做的全部家务。"

当你有了小孩后，家庭杂事越来越多。你不仅要收拾自己的，还有第3个（或许是第4个乃至第5个）人需要你来收拾。（相信我，如果你丈夫在清洁和家务上有问题，那么在有了小孩后这种情况只会更糟。我认识的每一位妈妈对此都有亲身体会。你永远不会听到"我们有了小孩后，屋子里变干净了"，永远。）

孩子她爸住在另一个城市，我知道很多已婚女人的情形和我差不多。我们最终都会做很多原本不想做的事，那就是我们所谓的家务。一个星期后到我家，你会觉得现场像被抢劫过一样。那是因为没人能管住一个6岁的孩子。但是我们努力了。我非常清楚要培养她自己收拾自己的东西。为什么？我可不喜欢屋子里到处都是蜡笔、书签和纸。男人，看起来拥有我所称的男人的眼睛。他们注意不到脏盘子或者碗橱。或者即使注意到，他们也不知道怎么做。我的一个朋友讨厌房子里乱了套，脏盘子堆在灶台上，玩具散得到处都是，衣服堆成小山，需要清洗和折叠……她丈夫会站在那儿说：“我能做些什么？”她说：“我感觉像要吼出来了：‘睁大你的狗眼看看！’男人看不到需要做什么吗？当很明显该做什么事时为什么还需要我们来告诉他们呢？”

“不管我如何抗议，我丈夫从不会把东西放回原位，”另一个朋友告诉我，“他总是会说：‘对不起，但我过去可以照顾自己的。’我就会想：‘我们住在一起有5年了啊！5年前你可以靠自己生活，但是现在5年后，你反而不行了！’”

还有一个朋友常常因为丈夫将装甜饼的空纸袋放着而心烦。“我会发现三个袋子，每个袋子里只有一个甜饼。我快要抓狂了。碗橱的空间被这些袋子占据着，为什么这个家伙不能把最后一个甜饼吃掉呢？”（他们在洗手间待这么长时间究竟在干吗？）

现在我已经30多岁了，我意识到不管女人多么努力，在男女关系中总是会有粉领工作（pink jobs）和蓝领工作（blue jobs）之分。

粉领工作：

洗衣服

打扫厕所

清理冰箱

写杂货清单

确保家中储备充足

蓝领工作：

修理东西

收拾杂物

清理车窗上的雪

给车子加油

出门倒垃圾

换灯泡

这是自然而然的。就是这样！在你们的关系里粉领工作和蓝领工作是什么呢？把它写出来贴在冰箱上吧。

女人帮女人：如何让他拜倒在你裙下

“你开玩笑吗？你觉得我的大多数客户都是嫁给圣人的吗？我认为大多数客户的男友或丈夫都不知道水槽在哪儿！我丈夫会说：‘我待会儿做。’但是，待会儿会变成很久。我觉得他认为整个屋子都是他的衣橱。我告诉他：‘你曾经捡起过我的衣服吗？所以请给予我同样的礼遇。’不过他会烧菜！”（海伦娜总是会看到好的一面。我们应该而且必须向她学习！）

28

要么进洗衣机，要么进垃圾箱

我要来说说洗衣服这件事儿。男人讨厌洗衣服，但你猜猜怎么着？女人也是。（除了我的好朋友乔安娜，那是因为，她喜欢清爽的衣服味道和叠得整整齐齐的衣服。）我曾问一个朋友为什么要离婚，她告诉我：“我们吵了10年了，在洗衣服这件事上。我从怀孕开始就手把手地教他洗衣服，因为我有了小孩不方便，这正是他的工作。”那么她丈夫这么做了吗？“他愿意做，但不是全部。”坦率地讲，我觉得这个故事有点儿奇怪，还有些滑稽。他们没有离婚是因为有谎言维持。他们没有离婚是因为他们不再沟通。他们离婚了却是因为洗衣服！“我们的婚姻，”她接着说道，“在洗衣服这件事上彻底崩溃了。”奇怪但却真实发生了。（我可没有设计这段狗屎的剧情！）请记住这个教训吧。

揭穿男人心：极品男友的真心话大拷问

当我问前男友为什么他不能自己清理干净时，他粗鲁地说：“我总是让我妈妈来把这堆狗屎清理干净。”（他有他自己的说话方式，是不是？）

完美丈夫大起底：凭什么他最抢手

“我在大学的时候，第一次意识到要保持整洁。不好意思，我们宿舍里全是男人。我们从不换床单，我们从不洗澡。如果我刷牙了那真该庆幸。随后我遇到了一个女孩，如果我不换床单，她不会跟我一起睡。这确实起作用了。但现在，我知道我在做家务上很差劲。我宁愿周五晚上扔掉裤子，然后周六再穿上。我更喜欢这样。我不知道原因。在这个问题上我舍得花钱，我花钱雇了一个清洁女工，每周来打扫两次。事实上，如果我需要什么或者不得不洗衣服，我就会去做。洗衣服或许很枯燥无味，但这是世界上最容易做的一件事。”

女人新主张：DIY调教好男人

1. 告诉他如果再把衣服乱丢在地上，它们将直接进垃圾箱。

2. 告诉他你觉得他足够阳刚，应该可以打开洗碗机。

3. 来作个交易，如果你做饭，那么他洗碗。你也要遵守这个规则哦！

4. 把因为洗衣服而离婚的故事讲给他听！他也想这样吗？

5. 缩减开支雇一个清洁工。（用钱解决问题。）

6. 在洗碗机上贴上一个大大的标志，上写“这是洗碗机”几个大字。

29

看看自怜自艾的男人们，他们都患有“妈妈综合征”

我曾经跟一个从未见过面的男人约会，他开了一辆敞篷车来接我，并且订好了餐厅，看起来是个聪明的好男人。表面上看，他是不错的。他主动约我出来，开车接我，挑选餐厅。不幸的是，在我坐到他对面不到10分钟，我就意识到他某种程度上说还是个小孩。他不断抱怨着健康状况（36岁了）。服务员问过他是否要饮料，他点了杯水。他持续不断地谈论他会过敏。没错。准备好了！（我需要先喝上一口！）他对树过敏，对花过敏，对猫啊狗啊都过敏，这些都是他告诉我的。我想，他对我应该也过敏，我强忍住自己的哈欠。

曾经，另一个男人因为他有天晚上胃疼，而我没把他当病人看待，于是生我的气。他给我发了封电子邮件，说他如果站在我的角度会这么说：“天哪，听到你病了真遗憾。希望你尽快好起来。注意照顾好自己哦。喝点儿汤吧，早点儿上床休息。我们晚些时候再谈。”我没有回复他，他又写道，“你想了解细节吗，包括周六下午4点到周日早上10点漫长的煎熬?（你打嗝儿打个不停的时候是睡不着觉的，这个我了解。）或者是流汗？或者是肚子饿？或者是脱水？我不介意告诉你最后几天洗手间里发生了什么。这应该显而易见了吧。”

好吧，没有谁能比一个单身职场妈妈更了解生病究竟是怎么一回事。我有一次病得难受，独自去医院，但我仍坚持下午3点去学校接我女儿。

这类“冷漠男”——我朋友对他们的称呼——是最差劲的。“他们表现得像快要死了一样，”她说，“就是个冰窟！”

“哦，天哪，”另一个朋友说起她丈夫时一阵惊呼，“他鼻子不通的话，那么世界末日就到了，他就得待在床上说话。他会说：‘我什么也做不了。我病了。’而且事情更糟的是，他也会严重过敏，所以每到过敏季，他会整晚抱怨不休。而我就想：‘闭嘴，孩子。去做个剖腹手术再来跟我讲。’我会给他送上茶水，但是他却咬牙切齿。虽然我心里想：‘你他妈的真是个小屁孩。’但仍然不得不试图表现得和善一些。与此同时，当我病了时，他很少给我端茶倒水或者嘘寒问暖。还要说的一点是，我根本无法选择生病，因为我是个母亲。”

揭穿男人心：极品男友的真心话大拷问

我问一个前男友为什么男人得了感冒就表现得像孩子一样。“这就是妈妈综合征。所有男人在生病的时候就是个小男孩。我们想要被照顾。”他告诉我。他病得不轻，许多人也是。他似乎每隔一周就要生病。“研究表明男人的疼痛感比女人要强。女人经历过分娩的痛楚，所以对疼痛的抵抗力要强，”他继续说道，“而且，男人心中充满了自怜。女人要更坚强一些。”（给我闭嘴！因为我们在一起所以我就要受到惩罚？）

完美丈夫大起底：凭什么他最抢手

“我从不生病。”我朋友的丈夫说。（哦，我的天!!!你难道不喜欢这个家伙吗？）

女人新主张：DIY调教好男人

1. 提醒他你生过小孩，或者终有一天要生小孩——胎儿从阴道娩出。

2. 稍微娇纵他一下，但不要过了。把握好这个度。

3. 果断提醒他注意自己男人的身份。

4. 给他每日的饮食中加入维生素C。

5. 穿上情趣护士制服，激发他的性趣！男人知道要上床的话就会忘掉生病这回事。

6. 如果第5条起作用的话，告诉他既然健康得连做爱都没问题，那么应该从该死的床上起来了！

30

当我生病时，你他妈的能给我倒杯水吗？

我有将近一周没有听到一个好友的消息了。“我担心极了。”我给她发了短信说，“给我发封邮件吧，至少让我知道你还活着。”最终她打了一个电话给我。她听起来像被大卡车碾过一样。“我整个礼拜都躺在床上，”她的声音嘶哑了，“我甚至下不了床。我不得不把孩子们送到父母那儿。”

“哦，天哪，”我说，“你应该给我打电话，你丈夫在哪儿呢？”

“他真叫人难过，”她抱怨道，“我简直下不了床了。他在家里，我还得给他发封邮件，求他去给我买点儿干姜水。”

另一个朋友生病时，她丈夫从不相信她。“我甚至要来证明自己病了，他会说：‘你真的需要待在床上吗？’我去看医生，带着支气管炎的诊断书回来，他的表情就好像说：‘好吧，或许你该待在床上。’但是要是在周末，即使我真的病了，我也不能休息。我得陪孩子。”

一个朋友告诉了我一个故事，我必须申明，这一切都是真实发生的，绝无虚构。“我不得不去医院，我给丈夫打电话，他说他不能缺席一个很重要的会议。我爸爸带我去的。当我要回家时，我打给了丈夫，他说会议马上就要开始了。我径直走回了家。当我到家时，发现他在车库里抽着烟，看起来就像十几岁的小青年吸毒时被抓住了一样。他告诉我会议在最后一刻取消了。我就想：‘那么为什么不给我打电话来接我呢？’”（认真地说，我真的没有编造！）

完美丈夫大起底：凭什么他最抢手

“当女人生病时，就像引人注目的黄金！你要为她们准备好鸡汤。细心照料你的老婆或女友，这样她们在生病时就能感受到好丈夫的温暖。另外，照顾人是件很有趣的事。因为这会让被照料的人心怀感激。”

女人帮女人：如何让他拜倒在你裙下

“如果我说头疼了，我丈夫就会说他胳膊肘疼。如果我说后背疼了，他会说他全身疼。无论我是疼还是病了，都比不上他更大的疼痛或更严重的病。我的所有女性客户都抱怨过这个。有些女人生病了，仍然要出去工作，悉心照料孩子，洗衣服，做早餐。要是男人呢？我不知道。要是他们生病了他们会怎样？”（问得好，海伦娜。问得好。）

女人新主张：DIY调教好男人

1. 给他看医生的处方。

2. 如果他悉心照料你，那么要充满感激。告诉他你会补偿他的。

3. 寻求强力外援支持，比如父母啦，其他长辈啦。没有什么方式比周围的亲戚说服他承担起责任更为有效。

31

请来第五货架帮忙！有个蠢男人在买东西

完美丈夫大起底：凭什么他最抢手

“男人要买东西有两个途径。有些男人会去杂货店，每个物品对于他们来说都是新奇的，面对着各种品牌、琳琅满目的商品，他们会感到震惊和无措，所以要耽误点儿时间。另外一些男人讨厌购物，他们对品牌、价格和成分视而不见，他们只想从这该死的地方出去。没有折中的办法。女人们，抱歉，你们需要意识到这就像性，有时候我们需要前戏，有时候不需要，我们希望持续的时间足够长，如史诗一般。对于我来说，我会尽力而为。或许我不会总是带回恰当的东西，但是我会善待妻子，尽我所能，带一些东西回家，我知道这些东西她很喜欢但没有开口问我要，我不仅想帮上点儿忙，而且我已经做到了。所以为什么不顺便给她带点儿什么呢？”（嗨，朋友，如果你曾和他离婚，我知道会有101个姑娘等着和他约会呢。）

当然啦，你肯定很熟悉我的杂货店插曲（在收银台我男友丢下我一个人和堆积如山的商品）。似乎无论在交往的哪个阶

段，男人来到杂货店总是要寻求帮助。即使他们确实去买东西了，他们仍然需要额外的帮助。

“我时不时给他一些事情做。”我朋友说。因为6个月前他们有了第一个小孩，她丈夫需要在周六上午去购物。这对他来说应该问题不大。“但是他去了三家商店。他去了好市多(Costco)，他去了罗布劳（Loblaw），他还去了我们附近的另一家商店。坦率地讲，我们每周要买的东西都差不多。每一周的清单大同小异。同样的东西我花20分钟，他却要3个小时。”

另一个朋友抱怨她丈夫去买东西时从不看价签。“他常常买到最贵的东西。我让他买小苏打，就是那种纯苏打，这样我可以烤一些蛋糕，但是令人无语的是他带回来的竟然是最最昂贵的、独立包装的苏打。或者如果我们需要番茄酱呢，不要幻想他能买回世界上绝大多数地方都在使用的那种大塑料瓶装的。他会买两小瓶，因为看起来要考究一些。”

另一个朋友的同居男友是一个“冲动型”买家。“我们只需要一些基本的生活用品，但是他会突然带回诸如冰冻酸牛奶这些东西。我们根本不喝酸牛奶。他也不喝。我向上帝发誓，有一天他竟然带着狗粮回来。可是我们根本没有狗。”然后她不得不去退货。

要找到一个对男人买东西没有怨言的女人实在太难了。“我为丈夫准备了详细的清单。我直接写道：‘买手推车，买一瓶咖啡，’而且，‘这个在货架的第一排，那个在货架的第二排。’我不得不这样做。”她解释道，“我要写得尽可能详细。”不过，即使她写得够细，有时也会失灵。“他忘记我要的酸牛奶，这是我每天的必备早餐，但是他却记得他的麦片粥。”

其他女人也心知肚明，要是派丈夫或男友去购物，她们需要交代得非常详细。“现在我知道我不能简单地写‘肥皂’。即使我们使用同一牌子的肥皂有四年了，但是如果我只写‘肥皂’，他最后一定会带回家其他我从未听过的牌子。”

其他女人想知道买东西是否有助于男人长大成人。我的一个朋友在谈到她丈夫买东西时啼笑皆非。“他的注意力几乎为零，”她说，“所以即使我在纸上只写了10样东西，我也只能得到前5个。所以每当我要写购物清单时，我得慎之又慎。我得确定我们真正最需要的是什么并确保它们被放在清单的前5行。”

而且，男人在杂货店会突然蒸发。“我和男友一起去购物的时候，他真是糟糕透了。”另一个朋友说，“我发誓，他就在我旁边，我试着去找一盒饼干，然后我朝旁边一看，他人不见了。他消失了，人间蒸发了一样。真是奇怪。但这让我火大了。我想：‘我就找了两秒钟饼干，你就消失了。但现在得花20分钟去找到你。’”

我的一些女性朋友一直在“饲养”她们的丈夫，就像对待她们的孩子一样。“我现在开始警告我丈夫。当我们走进杂货店时，我告诉他：‘我们不赶时间。购完物我们就无事可做了。我想在这儿多看看。’”我朋友不得不这样跟丈夫说，看起来就像和小孩子商量一样。他们进商店了，她刚买完三样东西，他已经站在收银台了，满脸不耐烦地等着她。

另一个朋友现在拒绝带着丈夫去购物。她希望快进快出，但她丈夫会和熟食柜台的伙计讨论一个小时关于肉的话题。我提到这个是因为有些女人非常讨厌购物，以至于她们会说她们对丈夫最满意的地方就是他们自个儿去买东西。“有时他会令我发狂，”一个女人说，“但是我讨厌买东西。他会去做，我就会记得他的好了。”（我发现只有她这样！）

完美丈夫大起底：凭什么他最抢手

“在这方面我确实收获良多，”他承认，“男人对购物毫无想象力。一个男人只会买10样东西。如果他们喜欢面食，他们会买10袋意大利面和5袋炸薯条。而且，我会特别注意，因为我不知道小苏打是什么，我不知道香草精是什么，但是我现在都知道了。当买东西时，我妻子为我打开了一扇窗去认识全新的世界。当我结婚时，确实欣喜异常，我真的被女人注视物品以及寻找物品的执著吸引了。”

女人新主张：DIY调教好男人

1. 当你列清单时，确保你认真思考过。因为男人在买东西时会随意添加。

2. 叫他去买一些东西吃，比如水果燕麦。

3. 轮流去买东西。

4. 采用游戏法。告诉他你想知道他能跑多快，甚至可以打个赌，谁赢了就有奖励。

5. 提醒他你不养狗，所以你不需要狗粮。

6. 记住，男人不知道什么是酵母和香草精，所以降低你的期望值，花点儿时间解释一下。

7. 你购物时忘掉他想要的东西。当你回家忘带他的麦片时，问问他感觉如何。

32
怪癖男人何其多

情感问诊室：45分钟价值200美元的情感攻略（合计：3000美元）

“有怪癖的男人没有安全感，极易受惊吓。当人们需要什么时，通常是因为他们心有恐惧。但是每一个人都需要些什么。如果男人有类似按摩这样的需要，这是希望你表达出对他们更多的关心。如果你爱他们，你就需要明白这些，而且要记住他们的所求。恋爱中的任何一方都是有需要的，但是你必须确保你的需要和对方是有差别的。”这意味着，交往中的两个人不能都需要脚底按摩。“你们的需求要有差异。”比如，我男人需要按摩，但我需要电话关怀。这样或许会相互抵消。

我曾经约会的一个男人怪癖超多……而且表现都很古怪。但是很快证明他所需要的并非与众不同。我来说说男性按摩吧。“哦，我讨厌男人叫你去给他按摩，”我的一个单身好友告诉我，“需要按摩的男人始终是最差劲的。”现在，我会给6岁的女儿挠痒痒以帮助她入睡。但是我是她的妈妈，我需

要她早点儿入睡，我爱着她，所以我不介意给她挠痒痒。但是这个男人会把他的手臂放在我的胃的位置上。他也喜欢这样。（我理应有所警惕。）所以我会给他挠20分钟。我一停下来，他就摇摇手臂，无声地抗议要我继续下去。我无法忍受。我觉得一点儿兴致也没有。

但是你猜怎么着？我一个朋友有更糟的经历。她那个有怪癖的家伙白天是个强势的银行家，晚上喜欢听她唱摇篮曲。是的！千真万确！是摇篮曲！他已经35岁了！还需要我再多说一个字吗？（好吧，你不要再笑了。好吧，你继续笑吧。这全是真的，而且真的很好笑。）这个怪里怪气的男人！突然间那个需要挠痒痒的家伙看起来没那么糟了。（好吧，不如这个糟。）

女人新主张：DIY调教好男人

1. 对于需要听摇篮曲的男人我还能说啥呢？一唱歌就走调吧！

2. 帮他按摩10分钟，然后提出同样的要求。

3. 不要轻易答应他的要求，否则一旦开始很难脱身。

4. 为他准备专业服务的礼券。

33
加油站。如何才能加满油

就像很多女人一样，我过去很怕加油站。你不会把自己爆掉吗？你是怎样对准油箱口的？不管怎样，如果我和男人待在一起，加油站从来不是问题。这是因为加油属于蓝领工作（男人的工作）。但是在我单身期间，我第一次发现得由我自己来加满油。首先我会想："提供全方位服务的加油站在哪儿？"在开车四处转了一个小时后，我仍然一个也没找到。我不得不——亲自上阵。所以现在我不像以前那么害怕了（尽管我承认心跳仍然很快，等不及就要开走）。

男人喜欢加油站，或者至少看起来他们丝毫不介意从车里出来把油箱装满，而此时你坐在副驾驶位子上，脚踩踏板。事实上，我上一任男友喜欢去加油站。他沉迷于保持他的白色路虎揽胜纤尘不染。这让我想到了一点："我们需要再洗一遍车吗？"（在30岁时去自动洗车可没有6岁时那样有趣！）不管怎样，洗车和去加油站——这就是他钟爱的事情。

当男人喜欢加油站——至少不怕它们时，看起来他们在为你加油，却状况频出。他们喜欢不假思索地答应带着你的爱车去加油站。"我丈夫答应开我的车去加油站，他经常这样做。

星期天早上，我说我自己去，他说：‘我来处理吧。’他答应了。果不其然，周一早上我上了车，仍然开会迟到了，显然车子没加油。”

男人不明白我们女人对油箱没有概念。当那盏灯突然亮了，提醒我们汽油不够了，我们真的以为需要立刻加油了。我们没想过可以用剩下的油，所以我们无法到达下一个目的地。那盏小灯的闪烁让我们心惊胆战，但男人不会惊慌，一点儿也不。每一个女人都曾听她的另一半说过：“哦，你可以开到国境线再回来，你明天依然有足够的油去上班。”我朋友的丈夫就是这样。“他总是对我说：‘别着急。你可以绕着镇子转一圈，然后还可以再开两天。’”

另一个朋友总是为她丈夫加油的事心烦。他会去加油，但是在加油站，他变得异乎寻常的小气。“他有个习惯，只加10美元的油。”她大笑着说，神态悲凉地摇着头，“我就问：‘你是在加油站。你为什么不加满呢？’他会说：‘因为我身上就带了这么多钱。’我就想：‘你们应该知道他们身上肯定带了银行卡和信用卡！’”如果你想加满油，那就加满油。

另一对夫妇同开一辆车。“从一开始，我就告诉他如果半路上就没油了，我们就离婚。”她说。好吧，他们还在一起，所以这一定意味着他们从没有半道就没油，对吗？“尽管我明确、清晰地告诉他必须保持油箱满满的，他仍然不放在心上，有时车的油真的只比空着要稍好点儿。即使我拿离婚威胁他，他也不屑一顾。”

34
开慢点儿，我们不赶着上天堂！

是只有我还是有很多男人也都觉得在车里没有丝毫乐趣可言？事实上，在大城市开车，没有身边那个本应爱着你的家伙的大喊大叫，就已经压力重重了：“走那条路。不，另一道！你为什么走这一条？走另一条！”以及:“你应该打转向灯！你为什么开这么慢？”好吧，我承认有时候我就像个老年司机。我不会闯黄灯。有一个前男友对此深恶痛绝。“你可以闯过那个灯的！”在每一个路口，他都会如此抱怨。我会回答他：“那么我们节约了什么？整整30秒吗？我们着急干吗去呀？”

和喜欢变换车道的男人在一起，我发现自己总是想大着嗓门儿吼出来：“我们在哪个该死的车道又有什么关系呀。现在是高峰期！”还有，即使我变换车道了，也只不过为我们节约了区区30秒钟。最终我会对他们每一个人说：“你知道为什么和你在一起时我开得这么慢吗？因为我想和你待在一起。即使是在车里。”这会让他们闭嘴。

“当他开着车、我坐在他车上时，我们总会发生争吵。一方面，他爱按喇叭。其他车辆哪怕犯了很小的错误，他也会对着人家狂按不停。他不仅会按喇叭，而且会追上去，瞪着对方。他有时还会吓唬别人。我会对他大叫：‘我在车上呢，你可以不要这么做吗？你一个人时想干吗干吗。’我告诉他，‘你不知道他们车上是不是有手枪之类。’有好几次他险些要和别人打起来了。那时我就想：‘是你首先挑起的！’”

另一个朋友在她丈夫开车时直接惊声尖叫了。因为她丈夫开车的问题，现在他们各开各的。“我知道他开车很熟练，但是他开起车来就像个疯子。他喜欢不断变换车道，我实在无法容忍。我过去甚至发飙了，但现在如果出门的话，我会自己开另一辆车。”

另一个朋友在她丈夫开车时会系紧安全带，手会撑住仪表盘。“我丈夫知道我很焦虑，担心出车祸，他会说：‘如果我们翻车了，你的手放在前面一点儿用都没有！’”这是真的。我知道大多数女人都会担心。或许是因为我们有小孩，珍爱自己的生命。我们想要尽快活着回家见到自己的孩子。

我也听过一个女人最离奇的事，她和丈夫因为停车发生激烈争吵。“我们不讲话足足有5天。起因是我们把车停在某个地方，后来却找不到车了。他认为因为他开着车，所以我应该留意车停在什么地方。这说得过去吗？当我们最终找到了车，他的表情像在说：‘在开车时我不想听到你说一个字。’他因为找不着车简直快要发疯了。”

情感问诊室：45分钟价值200美元的情感攻略（合计：3200美元）

弗洛伊德说汽车对于男人来说具有非同寻常的意义。事实上，弗洛伊德认为汽车是男人性器官的“延伸”。（哦，现在一切都明白了。）“车和自我意识有关。”弗洛伊德说。

揭穿男人心：极品男友的真心话大拷问

“为什么我会讨厌由你开车而我坐在车里？因为你开车就像85岁的老奶奶。因为你不会抓住机会在变红灯的一瞬间穿过去。因为你的音乐品位实在够骇人的。”当我问前男友为什么我开车时他总要大喊大叫，他如此回答，“如果男人开车的话在很大程度上能拯救爱情。雇一个清洁女工，让男人开车，这样才能巩固你们的爱情。”（哦，这就是我们最终没在一起的原因喽。）

女人新主张：DIY调教好男人

1. 告诉他你珍爱自己的生命，还有他的！

2. 谁开车谁有资格选音乐。

3. 告诉他你想和他待在一起，所以你才开得慢。这会很甜蜜的！

4. 提醒他你们不赶时间。

5. 经常提醒说他的那话儿很大，或许他该停下来想一想车是性器官的延伸。

6. 学会独自给油箱加满油。这没那么难。如果我做得到，任何人都能做到。相信我。

第一时间揭示男友/丈夫

成绩单

（随时可以通过邮件发给你的伴侣！）

他能高效率地利用时间吗？

A B C D

他会积极参加集体活动吗？

A B C D

他能够表现出适当的专注力吗？

A B C D

他能独立工作吗？

A B C D

他能专注于某项任务吗？

A B C D

他能有序完成每日安排的工作吗？

A B C D

点评：

第4篇 嗨，老公

（买礼物/祝贺/鼓励）

女人如何能期望从男人那里获得幸福，

如果他坚持把她当做一个完全正常的人？

——奥斯卡·王尔德

35

电影之夜：我选的电影像狗屎？

我想知道我怎么会在这儿。这儿是哪儿？我坐在汉堡王，点了两份鸡肉三明治、三份薯条和三份健怡可乐，此时我的男友正和女儿待在电影院。电影刚刚开始。为什么，我想知道，我就像个服务生一样为顾客点餐服务，在我自己一个人都拿不过来时，我的男友却已经看起电影来了……好吧，看那部他已看过的电影？我脑子里快速过了一遍刚才发生的事情。我男友本该说："我已经看过这部电影了。我不想你错过电影开头。你们想吃些什么，我去买。"

另一个男友从不和我去看言情片。当我到那儿看到男人和他们的妻子或女友待在一起时，我有些明白了。现在公平地讲，男人看起来有些懦弱、局促，看上去一点儿也不兴奋。但是他们仍然在那儿。我的一个已婚朋友说他们经常为选哪部电影发生争吵。事实上，她第一次和丈夫争吵就是为了挑选DVD碟片。"他固执己见。他不断地保证我会喜欢的。我承认我想看一些浪漫文艺片。我们对此争执不下。我索性让他自己挑。我的整个晚上都泡汤了。我会喜欢吗？不！全是一些恐怖片。"

我的一个朋友总是让她丈夫去看她挑的电影："这个获得

了纽约评论家选择奖（New York Critics Choice Award）。”他相信了很多次，直到意识到所有电影都很烂。最终他问她：“我想象不出这是获得过纽约评论家选择奖的。”我朋友难为情地转过脸去。这是她编造出来的。“没有得过奖吧，是不是？你完全是编造出来的！”好吧，在她被戳穿前，感觉还算不错。

另一个朋友在7年里从未挑选过电影。没错，7年——自从她第一次和现在的丈夫约会挑选电影后至今。“哦，天哪。我带他去看一些言情片。看完后，他说：‘毫无疑问这是你最后一次选电影。’他的潜台词是：‘你的电影选择权被剥夺了。毫无疑问。’”

相信我，男人重视我们。他们有自己的谈判策略。我是知道的，因为我问过一个男人，他说：“我的谈判策略是立刻提议看最不言情的电影，然后作出折中。比如女孩说：‘想看《恋恋笔记本》（*The Notebook*）吗？’我会说：‘哦，《异形大战铁血战士》（*Predator versus Alien*）非常不错。’女孩会说：‘哦，让我们看看其他还有什么电影。《十三罗汉》（*Ocean's Thirteen*）？’我答：‘就是它了！’”

另一个男性朋友告诉我，第一次和他约会的女孩建议看一部叫《美国甜心》（*America's Sweethearts*）的电影。他直截了当地告诉她：“我从不看那一类电影。你可以甩掉我自己去看。”那是多严重的有关电影的讨论啊，竟然影响到了交往。这个男人愿意女人在下次见面前先甩掉他，都是因为他不想看言情片。

揭穿男人心：极品男友的真心话大拷问

我问一个前男友为什么我们总要为谁来选电影争执不休。“你总是选差劲的电影，”他说，“连个爆破的场面却没有，至少得让我有点儿吹牛的谈资吧。听着，喜欢什么电影是品位的体现。理想情况下，你认为你找到了一个爱你的一切的伴侣。这是女人犯的大错。这几乎不可能发生。而我觉得如果你不喜欢我选的电影，那么你可能选错人了。这实际上是非常错误的看待问题的方式。而且，对于男人来说，如果女人不喜欢恐怖片，他们会失望至极。归根结底，女人比男人对浪漫片的忍耐力更强。”（呃……事实上偶尔看一下恐怖片我也不介意啊。只是说一下。）

女人新主张：DIY调教好男人

1. 撒谎说这部电影在你胡扯的所谓电影评论上得到了极高评价。你觉得棒极了。当然前提是你不会被揭穿哦。

2. 挑选最最甜蜜的电影（一部你并不想看的）然后假装作出妥协，再挑选一部不那么言情的电影。

3. 答应他如果这次你来选，那下次就轮到他来挑。遵守这个约定。

4. 告诉他你将买爆米花来犒劳他。告诉他随后你会给他一个甜蜜之夜。

36

你记得1991年谁获得世界大赛冠军，却记不得我们的周年纪念日？

“男人不善于听话外音，”我认识的一个已婚女人说，“他们总是心不在焉。当我跟丈夫讲：‘哦，某某人的丈夫给她买钻石手镯来庆祝结婚50周年纪念日难道不甜蜜吗？’我说这个不只是为了八卦。我的潜台词是我们的50周年就要到了，我想要份礼物。这就是我要表达的真实意思。”

情人节

有一年我完全震惊了，和我交往的一个生活在北美洲的男人完全不知道2月14日是情人节。亲，你没有看错。我男友压根儿不知道2月14日是情人节。这是如何发生的呢？我想你肯定很好奇吧。在他过去的40年中，难道他没有注意到2月的每一周，商店里的毛绒熊胸口都会贴着“我爱你”和“你属于我”吗？难道他没有留意到无处不在的红气球或者鲜花广告和精心设计的节日套餐吗？他有这么笨吗？是的，是的，是的。真令人震惊，更因为他曾经结婚13年。那是不是意味着他从不会和他妻子庆祝情人节？那是不是意味着他妻子是个哑巴？

我难以想象世上有哪一个女人不会向男友或丈夫提起这个：“哦，你知道情人节就快到了啊。”

就像很多男人辩解的那样，我并不在乎情人节是不是传统节日。懂我的意思了吗？我不在乎。我希望这个日子得到认可。我希望这个日子得到庆祝。通过庆祝和认可，我想让我的男友有所表示，从而凸显我的特殊身份。因为这个家伙在如何过情人节上笨头笨脑的，所以我要不断地“饲养”他，告诉他网店上有我喜欢的手镯，以及如何在线订购。我如此小题大做，把他吓跑了。情人节前一天，他抛弃了我。我想是他感受到了前所未有的压力了吧。但情人节过后，他又要重续前缘了。唉，我成为情人节又一个伤心的女孩。

“看起来他有屏蔽那一天的惊人能力。”我的一个已婚好友说，她在情人节那天一无所获，备感失望。

生日

在我最近的一个生日，我交往的男人因公出差。他当然知道那天是我的生日。（你能说我就是那种要把特殊日子广而告之的女孩吗？）一阵敲门声响起，我看到了联邦快递的快递员站在门口，手上提着一个包裹，我的心中立刻涌出一股幸福的暖流：来自那个男人。“耶！”我心里想，“他记得。”

快递员把包裹递给我。

“谢谢！”我说，激动不已地想要打开包裹一窥究竟。

“一共72.5美元。”他说。

“什么？”我迷惑地问。

“一共是72.5美元，留言上写着‘到付’。”

“你说什么？”

“货到付款，”他回答，“总共72.5美元。”

“什么？”

我翻遍了屋里的每一个抽屉，最终凑齐了零钱。礼物不再重要了。这个礼物，就像你知道的那样，还没有我支付的运费贵。

看看，虽然我的男友很贴心地为我挑选了礼物，并且寄给我，但是他没有想到要付运费。究竟是怎么一回事？

一个朋友因为丈夫没有跟她说“生日快乐”而大为不满。在上床前，他递给她礼券。“压根儿没想过会收到礼券。”她抱怨道。

“上一次生日，我和男友在餐桌上大吵了一架，”一个朋友告诉我，“我不记得具体是因为什么了，但一定很蠢吧，不过我确信他的心情不佳。在这之后我们搞了3次不同的生日晚餐来弥补。尽管如此，裂痕依然存在。”

我有一个朋友从她男友那儿得到了一份最糟糕的礼物：“他送给我吸尘器，他想用这个玩意儿来清除面包屑。”（再说一次，我可没有编造故事！）不过她至少不用支付快递费。

母亲节

我认识很多母亲。我的大多数朋友现在都已为人母。但是她们没有一个人能好好地过个母亲节。母亲节有点儿像除夕。

总是期望很高，然后……破灭。作为一个母亲，我尝试让自己不要有所期待，这样总比充满期望然后破灭好过些（有点儿像除夕）。虽然很难，但是我还是告诫自己要有一颗平常心。

我有个朋友第一次过母亲节的经历很可能是最有趣的，同时也是最悲伤的。在这一天的前夕，她和丈夫吃完饭回到家。在跟孩子互道晚安后，她注意到一打玫瑰和餐桌上的礼品袋。“我心中一阵暗喜：‘明天才过节，可我家男人这么早就准备好了，甜蜜死人了。’”她跳过玫瑰花，打开礼品袋。里面是个相框，写着“全世界最伟大的妈妈”，里面放着她儿子的照片。在礼品袋里是一沓儿子的可爱照片。直到打开卡片，她才意识到没有一样是来自她丈夫。全部来自她的孩子。“所以你肯定会认为我丈夫看到这个后会很清楚这个节日。当然我整个礼拜都会有意无意地提起。我的潜台词是，来吧，母亲节就像圣诞一样。你知道快到了吧。”

第二天，她下楼。（她丈夫确实让她美美地睡了一觉。）她丈夫递给她一张卡片。“我打开它，心里觉得他是在开玩笑吗。他甚至没写上‘亲爱的’。我的脸一下子拉下来了，因为我知道这就是全部了，这并不是玩笑。这就是他所计划的全部。他一直计划要做的。”从她失落的表情上，她丈夫知道他再一次输得很惨。“我觉得他有点儿丢脸。所以我从健身房返回家后就跟他讲：‘我不想让这件事恶化。所以还是让我们继续我们的生活吧。’”他们做到了。他们手牵手去亲哥哥家吃饭。当他们回到家，发现门阶上有一大束花。“我还以为他心怀愧疚，有所弥补了，”我朋友说道，“我以为在哥哥家吃饭时，他打了电话并且预订了鲜花。”她打开卡片，上面写着：“当孩子们和你在一起时我总觉得很有安全感。谢谢你如此心善。”是啊，没错。她丈夫的前妻给她送的花。母亲节那天她收到了两大束花，可是没有一束来自她丈夫。“我告诉他，他应该感到脸红才对。我们的孩子送礼物给我，他的前妻也送礼物给我！”（这件事难道不正说明了为什么许多母亲喜欢她们的孩子胜过伴侣吗？）

“我常常收到卡片，但他从不会作任何打算。”另一个朋友说，“他根本没考虑过母亲节。每次母亲节或情人节，他就送给我礼券了事。如果哪一年能多考虑一点儿那就好了。”另一个朋友，从结婚那一天起，总是买些东西为母亲节作好打算，不是为她自己，而是为她婆婆。“我得找到他妈妈母亲节的礼物。这总是由我来做。在父亲节我会给他爸爸一份礼物。而他则去打高尔夫。”她说。

还有最糟糕的吗？我一个朋友的丈夫在打高尔夫，他给她发了条信息：“母亲节快乐。”就这么多。她甚至连一张卡片都没得到！

听着，男孩子们，你们知道有句俗语“你只有一次机会去留下第一印象”吗？这同样适用于我们的第一个母亲节。就像我朋友说的：“我从没想过要回我的第一个母亲节。”（并不是她想这样，个中缘由你应该明白的。）“对于我来说，母亲节什么也没发生。”我朋友说道，“什么都没发生。我告诉他我要个包包，所以我们去买包包。但是我们有小孩，他们很淘气，所以我甚至来不及多转一转，我们就回了家。所以我说什么都没发生，就是这个意思。”

另一个朋友因为丈夫没有收到她以前得到过的来自她儿子的礼物而心烦。在父亲节，我给孩子她爸一份礼物，而且让女儿给他亲手制作了一份礼物。听起来我们需要得更多，但其实不是。你只要理解我们就好。

卡片（这个标志性的节日理应做好！）

“我很期待卡片，”我朋友说，“我从小生长在一个会欢度每一个节日的家庭里。”这一点她男友心知肚明。她甚至在他们的周年纪念日收到来自男友的“约会”卡。

揭穿男人心：极品男友的真心话大拷问

“男人对于礼物不会在乎那么多。期望和现实总会有差距的，就像婚礼。许多人不切实际，幻想过度。但是男人也喜欢在生日时收到礼物……等等，你曾经送过我礼物吗？”

情感问诊室：45分钟价值200美元的情感攻略（合计：3400美元）

有时候我并不喜欢弗洛伊德。当我问他为什么男人在庆祝特殊日子方面表现糟糕时，他说问题的根源在于女人。嗯，喂？我为什么要再付他200美元呢？难道他不应该站在我这一边吗？他心平气和地说女人喜欢被关注（废话！），而且女人觉得有必要提醒男人。但是一旦我们真的提醒了他们，我们就会想啊："我们为什么要提醒你们呢？"所以我们女人施加了过大的压力，然后还不满意。（我真不知道该说什么了，我就是被抛弃的那个，因为在情人节前一天我给男友施加了太多的压力。）所以他的意思我懂了。我没有必要赞同他的意思，但是我明白了。有时弗洛伊德真他妈的是个天才。当我问他，我们女人如何才能不用敲他们的脑袋就让他们知道某一天对我们是多么重要时，他建议将这些意义非凡的日子——你的生日、母亲节、周年纪念设成小提醒存在他们的黑莓手机里，或者告诉他们的助手。真是个天才。

女人帮女人：如何让他拜倒在你裙下

"我想说我丈夫在礼物问题上表现也不太好，尽管如此，我还是从结婚那一天起就告诉他我不太在乎礼物，但是我在乎卡片，因为卡片对我来说很重要。他从没有忘记这一条。"她还补充说他不太擅长买礼物，"他喜欢买花。他总是记得意义非凡的日子，比如周年纪念或者生日。"（再一次要说，海伦娜总是很乐观！）

女人新主张：DIY调教好男人

1. 在他的黑莓手机里加上提醒。

2. 在冰箱上贴上花店的电话。

3. 如果他有助手，通过邮件告诉他（她）重要的日子。

4. 留下蛛丝马迹，比如杂志页数。要显眼！

5. 让他的某个朋友告诉他你的所需。

6. 当你得到礼物时记得奖励他。要表现出很感激的样子！

7. 也给他买份礼物。即使男人不介意，这也是会为他们做出表率的。

37

有福同享，有难同当

我总会告诉女儿我多么为她骄傲。常常这样，无休无止。即使她递给我一张她乱涂乱画过的纸，我也会告诉她我多么为她骄傲。她穿上自己的内衣，我告诉她我为她骄傲。她在数学测验中排在20人当中的第16位，我告诉她我为她骄傲。我知道这有助于维护她的自尊。当她得到芭蕾学校的试演机会后，我告诉她（和其他人）我多么为她骄傲。她也为我感到非常非常的自豪。她会去书店向店员要她妈妈写的书！我的男人……好吧，他们看来一点儿也不为我骄傲。

我曾经参加作家聚会，我邀请作家男友陪我一起去。“我不打算去。我应该得到属于自己的邀请函。”他说。我不得不解释我希望他在那儿支持我。“而且，和你在那儿更有意思。”我补充道。仍然是一切免谈。他拒绝一同前往。他斤斤计较于自己受损的自尊心而不愿意过来，即使当成一次约会也不行。

我有个做保险业务的已婚朋友从来不会因为工作出色得到她丈夫的丝毫称赞。“不仅如此，我丈夫会谈论和我在同一个领域工作的其他人，言语里充满赞赏之情：‘她头脑清楚，工作出色。’他赞美过我吗？没有！”

另一个朋友说她丈夫从不会问她“有关我的工作或者我的工作内容”。（开个玩笑，要是她是个妓女，估计他也发现不了！）“当我失业的时候，你可能会认为他会给我大力支持，但是他说的只是：‘你应该知道怎么做吧，因为我们还需要一份薪水。’我就想：‘感谢你如此通情达理！’接着，当我决定自己开公司时，他不曾问过我一句：‘公司打算叫什么啊？’他不曾问过我是否需要他的帮助，他不曾问过我进展如何。”

我的一个最聪明的朋友在常春藤大学教课。“我丈夫从不会过问这方面的事情或者进展如何。但是我对于他在办公室的一举一动了如指掌。”她说。

我认识的一个女人有天晚上听说她工作7年的酒吧关闭的消息后非常沮丧，伤心欲绝。她热爱她的工作、她的同事，以及经常光顾的顾客。是的，她很伤心。现在，你可以说，这只是个酒吧，你可以找其他的酒吧工作啊。事实上，那就是她男友跟她说的。“忘掉这件事吧。只是个酒吧。你可以到其他的酒吧去工作。” 她气呼呼地冲出了他的房间。他不知道她为什么这么生气。

不管我们的问题对你们来讲有多么渺小，但是当我们该生气时，我们会生气。与朋友争吵让我们生气。我的一个朋友经常和她的姐妹发生矛盾，她到她丈夫那儿寻求支持，但是他告诉她：“我不想听这个。”另一个朋友说她男友对她的问题不够容忍。“他希望什么都好好的，永远别出乱子。”

有时遇到开心事，我们希望你们能与我们共享幸福。在我完成一部花费我18个月时间的著作后，我和男友发生了激烈争吵。（这难道说明我喜欢吵架？）当我按了发送键将原稿发送出去后，我给男友打了电话。我感觉自己像个百万富翁似的，身上的重担一下子卸下来了。第一个电话当然打给男友，我的高兴事应该让他为我骄傲的，对吧？错！当我打给他，告诉他这个消息时，他听上去疲惫不堪地说："不错。"我心里一惊。然后我大声嚷嚷道："你应该很开心才对啊。你他妈的就不能表现得高兴一点儿？你应该为我自豪。你应该想去庆祝。你应该建议我们一起去庆祝！"

好吧，事实是我打扰了他的睡梦。但是，当我打给闺蜜，告诉她们我终于完稿时，她们都是如此兴奋，称赞我真了不起。而且她们都想带着我一起去庆祝。这可能就是为什么有时我觉得应该和女人约会的原因吧。（只可惜她们都已结婚，而且我爱的是男人。）

情感问诊室：45分钟价值200美元的情感攻略（合计：3600美元）

"或许我是个理想主义者，"弗洛伊德说，"但是你的爱人也是你的朋友。不管是好事还是坏事发生时，他们至少需要听一听。女人需要男人来倾听，她们想要被重视。你们需要训练他们积极主动但要闭上嘴巴。闭嘴并聆听！你甚至可以拉开抽屉，让他坐在椅子上，然后拿出手铐。"（他在开玩笑吗？

谁在乎？不过真是个好主意。买手铐已经提上我的日程。）

女人新主张：DIY调教好男人

1. 在告诉他好消息或坏消息前，提醒他你需要得到他的支持。

2. 坦诚相对，告诉他你想要庆祝！

3. 表现出很自豪的样子，他会跟你学的。

4. 将朋友支持的邮件转发给他。“他们人不错吧？”

5. 或许可以买副手铐，让他坐在椅子上听！（另外，手铐还有其他用途的哦——嗯哼——你应该懂的。）

38

抬起你的屁股，出门来场旅行怎么样？

好吧，我做得糟糕透了。（再说一次，我并不总是一个完美女友，但是我也从未这样说过。）那次是我的生日，我决定好好地泡一次温泉，我跟还在交往观察期的一个家伙说了，他想一起去，我兴奋极了。我喜欢这个家伙。我们计划待三个晚上。他最终只待了一个晚上。为什么？因为我把他赶走了。是的，我把他赶走了。

我记得事情是这个样子的：这是我的生日周末。在我们待在那儿的第一个晚上，我给服务台打电话看看我们能否在饭店吃饭。他们的预订时间是晚上10点半之前。我跟男友说了，他说："好吧，再给服务台打一次吧，订其他地方。我打算洗个澡。"我生气了。为什么？我觉得应该由他来做。说得更明确些，如果他来管的话事情就好多了。毕竟，我已经预订了旅馆，预订了我们的飞机票，预订了日子。所以为什么他不能拿起该死的电话，亲自打给服务台呢？

其他聊过天的女人也会抱怨她们的丈夫或男友从不作一个打算。我朋友说："我男友只会这样说：'你晚上想做什么？'我会说：'我什么都准备好了。'然后他会说：'好吧，比如呢？’我会说：‘任何事。’然后他就像这样：‘我不知道。我该做什么呢？’并不是他要为我做什么事，只是他太他妈的懒了，什么事也不想，甚至连提议看场电影或者挑个饭店都不肯。”

另一个好友深有同感：“他从不作打算。我们会连着数个月都不外出。我只是想听他说：‘让我们出去吃顿饭或者看场电影吧。’即使只是个建议也很不错。只有当我说‘我们出去吧’，我们才会外出。我总是说：‘如果你有时能为我们作个打算，那该多好。你可以建议到外面过夜或者一日游。’”

我朋友放弃了。直说吧，她完全放弃了。甚至当亲戚为丈夫的40岁生日给他们报了旅行团，他仍然无动于衷。“我会不停地在他面前唠叨着让他看看飞机票和旅馆。但他才不管呢。所以我只能无可奈何地放弃了。”她说。

另一个我认识的女人对交往一年半的男友身上的一切几乎都很喜欢。她喜欢他的无拘无束。但她同时也讨厌他的无拘无束。“他太无拘无束了，我们几乎哪儿也没去过。如果我不说我们该做什么，那么我们就什么都做不了。他从不作打算。每件事都是被动去做，而且方法也不对。我们要开车出去，我建议去看戏。当然，你不可能在戏开演前两分钟拿到票吧。所以最终我们只能瞎溜达。”

揭穿男人心：极品男友的真心话大拷问

“男人是猎人和追求者，”我的一个前男友说，“但是当女人结婚了，好像就有了生物钟。结果许多已婚男人只会坐下来看电视。理想啊，追求啊，都成了浮云。他们结婚了或者已经确定了关系，那么为什么还要作什么计划呢？为什么男人不采取主动呢？好吧，这是一个冗长、绝望、深不可测和复杂无比的问题……”（我就是在这儿打断他的话的。他讲得纯粹跟屎一样。）

女人新主张：DIY调教好男人

1. 不要放弃！建议去走走，这会非常不错。问问他是不是后半生就想在看电视中结束？

2. 在屋子里放些宣传册。

3. 想一想你是否真想让他采取主动。记住，结果可能会是差劲的旅馆。

4. 告诉他你要离开。那会让他抬起屁股，至少会激发一场讨论。

39

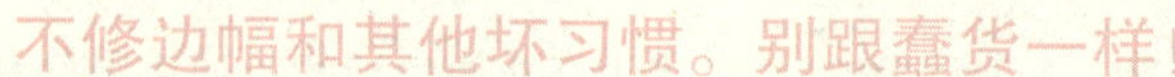

我震惊了，没想到我有这么多的已婚朋友曾经在安顿孩子上床睡觉后，去车库或后院抽上一口。（我没有勇气问：“哪个在先，抽大麻还是婚姻？”）我在这儿不是要扮演法官对朋友们作出裁定，这是她们自己的生活。

一个朋友偶尔喜欢上床前和她丈夫一起抽上几口。他的烟瘾比她还重。“我们一起出去玩时，他常常和其他为人父的男人一起消失，这让我抓狂。而且他总是安排在最差的时间来接我，比如孩子入睡时间。”

另一个朋友说：“我不得不告诉他：‘你结婚不是为了满眼通红地吸食大麻，因为我奶奶对这样的行为深恶痛绝。’”“我真的不在乎他什么时候抽，”另一个女人告诉我，“但是我想说：‘你就不能等我父母离开后再抽啊？’”

但是坏习惯不止这一个。我的一个朋友抱怨她丈夫的下面从不修剪。“所以我不再帮他口交了。”另一个抱怨她丈夫锻炼不够，而且开始不修边幅，“你要让自己看上去神清气爽。”另一个抱怨她丈夫从不去看牙医：“真恶劣。所以我得帮他预约。”

情感问诊室：45分钟价值200美元的情感攻略（合计：3800美元）

弗洛伊德不喜欢大麻吸食者。他给出一个清晰、响亮的回答：“这会让自己陷入速成的虚幻之中。有多少十六七岁的孩子被父母抓住吸食大麻而被带到这儿，我都记不清了。你猜怎么着？当我们问他们从哪儿得到这些东西时，十有八九会说是他们的父母藏起来的，或者是他们的伙伴发现父母藏的然后与他们分享的。”

不过，说到其他坏习惯，比如我男友总是忘记喷点儿除臭剂什么的，弗洛伊德建议说我们要成为他们的朋友，告诉他们身上有不洁的气味。“因为你们是他们的朋友。”他重复道。

女人帮女人：如何让他拜倒在你裙下

“我丈夫啃指甲。而我则为谋生修指甲。这让我恼火。但是他在努力、努力。至少他不吸大麻！”（看看海伦娜多么大方得体！）

女人新主张：DIY调教好男人

1. 让他们痛快一会儿，但是告诉他们什么事都得有时间和地点。

2. 耐心一点儿。坏习惯要想丢掉可没那么容易。

3. 成为他们的朋友。温柔地说：“我喜欢你身上好闻的味道。真让我神魂颠倒啊。”

4. 我们也有坏习惯，不是吗？他们会因此唠叨不停吗？

40

嘿，为什么我爱看的节目你都不爱？

完美丈夫大起底：凭什么他最抢手

“如果她真的、真的很喜欢一个节目，比如《真人秀：单身女郎》（*The Bachelorette*），而我很爱很爱她，那么我也会一起看的。就是这么简单。”

好吧，有些节目显然是为女性专供的，像《真实主妇》（*The Real Housewives*）、《绯闻女孩》（*Gossip Girl*）、《与星共舞》（*Dancing with the Stars*）、《美国偶像》（*American Idol*）这些。现在，我喜欢这些节目，而且非常喜欢。我喜欢和男友一起看，因为……好吧，我就是喜欢一起看的感觉。我曾经和这样一个家伙约会，我迅速浏览了一遍所有的频道，最后定格在《六人行》（*Friends*）的重播上。“我不看这个。”他说，把频道换到两组矮人用球棒互相攻击的节目。“我不看这个！”我闷闷不乐地说，一把抢过遥控器重新调回《六人行》。最后我们达成了妥协。我们都喜欢《名人学徒》（*Celebrity Apprentice*），我们都喜欢《幸存者》（*Survivor*），

但是在其他节目上没有中间地带。我告诉他我希望他坐在我身边一起看，但他拒绝了。他会继续上网，在屋里闲荡，举举杠铃，清理冰箱——基本上无视我的存在了。“呃，你都不和我一起看比赛。”他说。没错。但是我猜想他根本不在乎我是否和他一起看比赛。我在乎他是否愿意和我一起看《与星共舞》。我知道，这是双重标准，但是又能怎样。男女之间总是横行着许多双重标准。

好消息是我家里有家用视频录像机（PVR），所以我可以录下节目，迟些时候再看。“没有什么比丈夫冲我大喊大叫‘你为什么看这个垃圾节目’更令人恼火的了，我觉得理所当然，‘因为我喜欢《天桥骄子》(*Project Runway*)。’我真不希望他待在我旁边，因为他最终会对着电视大喊大叫，然后我会冲他大叫让他去看自己的电视。这就是为什么我们又特意买了两台电视机和两台家用视频录像机的原因——这样我们就能互不干扰，各看各的节目了。”我一个朋友说。

在现今这个时代，很难找到只有一台电视的家庭，但是确实也存在。这些夫妇的情况更糟，因为有关电视的争吵会更严重，他们甚至不再讨论该看什么，主题变成关于买另一台电视机。“我在客厅请求他再买一台。我丈夫是反电视者，我过去也是，但现在不是了。我们地下室有一台是给孩子们看的，但我不想走下去，因为在一个到处都是玩具的地方没法放松下来看电视。”我认识的一个女人这样说。

女人围绕电视还有许多话题。我一个朋友经常对她男友发脾气，因为他总在电视前睡着。“他总是会麻烦不断，”她说，“他会早上6点过来，我就会问他干吗了。他会说：‘我又在电视机前睡着了。’这太伤我心了。就好像他忘记了还有一个女友在床上等着他，而他宁愿在电视导购节目前睡在并不舒服的沙发上。当然，别问我自己有时是否也这样。天地良心，从来没有。”

揭穿男人心：极品男友的真心话大拷问

“其实到最后我们私下里要比表面上来得喜欢。如果一个男人坐在那儿，真的看进去了，他会真心地喜欢上的。”我的一个前男友说，他曾和我一起看《美国偶像》。“《欲望都市》精彩极了！但是我强迫过你和我一道看冰上曲棍球吗？”（继续……）

女人新主张：DIY调教好男人

1. 告诉他你知道他不喜欢你盯着他做事，但是你喜欢靠着他，抱着他，轻拍他的手臂，以化解看你喜欢而他讨厌的节目的不满，这就是爱的表现。

2. 买些垃圾食品做诱饵。我的嫂子为哥哥买了最受他欢迎的垃圾食品，这样他会高高兴兴地吃着他最爱的番茄薯片看任何节目。

3. 提醒他节目只有22分钟。当然，如果他爱你，他会愿意花这22分钟的。

4. 或许你不想他和你一起看。这对你来说重要吗？我知道许多女人宁可不让她们的男人看电视，也不希望他们待在身边唠叨个不停，影响看电视的心情。

5. 偶尔看看他喜欢看的节目。记住他喜欢的比赛的时间和地点，告诉他，让他欠你一份人情。

41 大发脾气？先生，请暂停！

揭穿男人心：极品男友的真心话大拷问

为什么男人爱要小脾气呢？我向有此癖好的前男友求教。我还问他遇到这样的男人，女人该怎么办。（我一点儿办法也没有，只会让他的脾气更暴躁。）“男人就是小孩子。当我们胡言乱语地咆哮时，如果你不用女人特有的温柔细小的声音表明爱意，这也会令我们生气。我们要脾气并不是因为你们的所作所为，而是由于你们的无所作为。你坐视不管，你没有表达关切之意，你没有尽你所能来帮助我们。而与此同时，我们可不想顾影自怜。我们常常被误解为渴求同情和安慰，但事实并非如此。我们希望女友待在那儿，但是我们可不想面对冲天怒气或反唇相讥的女人。别问我如何才能帮到我们。永远不要问！”（唉，你可能看出来为什么男人难相处了吧？）

和一些男友在一起时，我对他们工作结束后的心情感到害怕。这是因为很多、很多、很多男人回到家后都心情不好。大多数工作是在办公室。他们在充满竞争、高度紧张的环境下努

力工作，在回家的路上还得遭遇交通拥堵。他们筋疲力尽。当我的女儿带着坏心情回到家，我知道最大的可能是她累了，所以我会让她一个人静静地待一会儿。在家庭教育上，这叫给一个暂停。她需要时间坐在那儿，放松一下。但是很多女人不让她们的丈夫这样做。我不会让男友这么做。当他们很粗鲁地回应我，我会大着嗓门儿吼出来："你他妈的究竟是怎么了！"（但我不会对我女儿大喊大叫!）

我当女友时花了很长时间才意识到有些职场丈夫需要花时间才能转化为家庭丈夫。"如果我要工作到很晚，他就会恼羞成怒，"一个朋友说，"他会说：'你能去别的房间吗？你敲键盘的声音太大了。我要看电视。'如果他有了小孩那该发多大的火啊。我就觉得：'我一天14个小时又不是在把玩手指打发时光的呀。'"

我6岁的女儿是这么做的……

"我知道你想要那个玩具，但是那个没意思。"我说。

"但我真的、真的很想要，"她哭起来了，"这不公平。"

"生活充满不公。你为什么要哭呢？"

"因为我真的很想要那个玩具，可是你却不许。"她哭诉道。

"这是个无聊的玩具。而且我们现在是在家里。忘掉它吧。”

“我不想和你说了。”她说。

（我知道。哎哟！）

“我也不想跟你说了。”我说。

她哭得更厉害了。

“我觉得你需要暂停一下。去你的房间，等你哭完了再下来吧。”我告诉她。

（你猜怎么着？她真的回她自己的房间了。5分钟后，她下楼了，我们就像什么事也没发生过一样。）

情感问诊室：45分钟价值200美元的情感攻略（合计：4000美元）

有时候我并不喜欢弗洛伊德。今天就是这样，我也告诉他了。“我不喜欢你。”我说。我问他男人心情不佳时女人该干吗。他的回答是：“事实上，女人更情绪化。”谢谢你了，伙计！我可没问这个问题。“我问你的是当爱人带着糟糕心情回家后，女人该怎么办。”我对弗洛伊德说。他建议回避。嗯，有趣。“给他空间。告诉他你给予他空间去调整心情。带着爱去说。”尽管如此，弗洛伊德说，如果这成为习惯——你的男人每天带着坏心情回到家，你必须捍卫自己的权利，设定界限。他建议这样说：“不要把你的坏情绪发泄到我的身上。”但是也要经常问：“有什么需要我帮忙的吗？”

女人新主张：DIY调教好男人

1. 任他咆哮吧，但是只能在一定程度上。我说10分钟是比较合理的。（基于和我女儿相处的经验，她发脾气的时间不会很长。）

2. 在他们咆哮的合理时间以内，给他们腾足空间，告诉他们如果需要你会上楼回避。

3. 洗个热水澡。你会喜欢的，在给他独自空间的同时，你的耳旁不再充斥着他的唠叨了。

4. 意识到这与你无关，所以不要自责。事实上，在发脾气的过程中试着享受自己，比如做阳光海滩的白日梦或者聪明地利用这段时间想想还有什么事要做。

5. 买耳塞。千真万确，有些非常不错的耳塞，甚至你戴着时从外面根本看不出来。

42

你能为我们难得一次的旅行多作些准备吗？

旅行真是一个辨别你跟他人是否般配的好方式。“我丈夫好像在和自己较劲似的，就想看看他旅行究竟能带多小的行李包，”我的已婚好友抱怨说，“我们会出去一个星期，他会只带两套内衣。我就想：‘这不可爱。这一点儿也不有趣。这很恶劣。’”

另一个女人和她交往8个月的男友一起去旅行。“他花光了钱。他只带了两天的钱，就是这样。我就想：‘我们在这儿可要待8天哪！’我不得不跟他解释如何汇钱。他真的不知道旅行需要多少钱。”

我曾经和一个男人去一个阳光明媚的地方。当他躺在水池旁要一些特殊的防晒霜时，我意识到我们的相遇是个错误，我们是合不来的旅行者。这个东西太常用了，以至于我想知道为什么他没有提前计划好，并且出发前就准备好。旅行，对我来说，很重要。我不能和一个不喜欢旅行的男人同行。我曾经为我和男友安排了一次旅行，我们约好在目的地的飞机场会合。他问：“那么然后做什么呢？我们如何到旅馆呢？”我说：“好吧，有两种方式：你打该死的出租或者叫旅馆派车来接你。”显而易见，39岁的他还没旅行过。

其他女人抱怨说他们只想躺在沙滩上看看书。我的一个朋友抱怨说她在假期后还需要再来个假期放松一下，因为她丈夫是个“积极”的旅行者。这意味着他坐不住，更不要说躺在沙滩上待上5分钟了。“我们总是有事可做，我就想：‘拜托，你能让我安静地看会儿书吗？’”

我的大多数朋友会说一对男女朋友如果无法一起旅行，可能不适合在一起。这就是她们早先为什么和男友分手的原因。“在和一个家伙约会三周后，我去了纽约。”一个朋友说，“我意识到我们是多么不合适，那天晚些时候，他想去看朋克摇滚演出，而我想去看戏剧。当我们回来时，一句话也没说。”

我知道的另一对在一起旅行后也发现合不来。“我去度假主要是为了排毒。”她说，“我的意思是我想健康饮食，我想充足睡眠，我想运动。但我丈夫只是想晚上参加聚会，因为这就是他所理解的度假。”

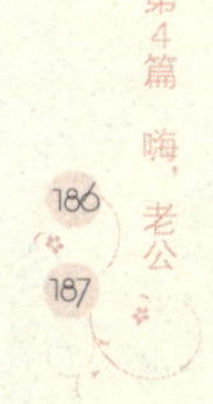

揭穿男人心：极品男友的真心话大拷问

我的这个前男友在另一个国家待过很长时间。真他妈幸运。不管怎样，我有时要去看他几天，不过我们从没有同乘过一架飞机。他喜欢参加派对，晚上会去酒吧，而有次在沙滩上度过了一天后我想9点就上床。说句公道话，他在这方面还是不错的。但令人震惊的是，他对于情侣一起旅行有一些非常有趣的想法。“你可以说出一万个理由有关乘飞机时，女友是不是应该坐在中间的位置。男人喜欢靠窗或过道。如果女孩不愿意坐在中间，而他坚持己见，那么旅行肯定糟糕透顶。女孩在交往中最好坐中间位置。”他还有一些很有趣的想法是关于情侣在旅行中不爱做同一件事。“我会叫女人开车去买抗焦虑药物。在我的经历中，旅行就像是在加速调试关系。我喜欢旅行，如果和我交往的对象不喜欢我所做的，那么我知道这样的关系是不会天长地久的。”

女人新主张：DIY调教好男人

1. 如果你知道自己不适合旅行，那么缩短旅行天数。最多3天。

2. 这一次告诉他你要去海滨度假。下一次，你打算单车短途旅行。

3. 换个人试试，像和闺蜜一起去啊。我就是这样做的。

4. 考虑和其他情侣一起去。如果其他男人表现积极的话，无形之中对他会产生压力的。（而你可以和女友一起舒舒服服地做水疗。）

43

钱，钱，亲爱的……

在对待钱的问题上人们可真有趣。我的大多数赴约的朋友会共同埋单，但是坦率地讲，如果男人付钱，她们会很欣赏。“我约会时主动提出付一半。但是他什么也没表示。看起来他甚至不打算付他那一半。所以我去了洗手间，然后离开了。我觉得不管怎样打出租回家也比付账便宜。”看到了吗？看看我们女人如果对某样东西深信不疑时我们会怎么做。还是这个女人，有个男人和她约会，带她去一家豪华餐厅。当账单送到时，他问可否用他的信用卡。“他们像看怪物一样看着他，觉得他发疯了。这是个高级法国餐厅，他却问能否用他的信用卡。所以接着他说：‘好吧，我到自动取款机去取吧。’这真是一点儿风度也没有。如果你要去约会，或许首先你该确保钱包里有钱吧。”

许多女人只能偷偷摸摸地去买衣服，我也是这么做的。“他成夜成夜和朋友们打牌，花钱无数，但是一旦到我这儿，跟他讲：‘让我们出去美餐一顿吧。’他就会说：‘我不想花钱。’在钱的问题上他总是要抱怨。如果我买了双鞋，他就会说：‘你已经有那么多鞋了！’而我会想：‘是的，这个月我该付的生活费已经付了啊’。”

我有一个朋友很有钱。她丈夫也是。但是由于一些原因，最终都是由她承担3个孩子的一切开支。我建议她和丈夫讲清楚。“我做了，”她说，“每个月，我给他一张详细的账单清单，然后他给我开张支票。”

千真万确。难道如今婚姻已经变成商业交易了吗？

女人帮女人：如何让他拜倒在你裙下

“我丈夫是跑建筑业务的，所以有时候他会加班加点，有时候又数周无事可做。但是我的想法是如果你和我结婚了，mi casa es su casa[①]。我的就是你的。我在这方面经验丰富，对于我们俩也适用。我爱他，当他没工作时，心情郁闷。我们共同来解决。”在约会这件事上海伦娜也是经验丰富。“男人至少应该为最初几次约会埋单。相信我，我们女孩会用其他方式来支付的。”

情感问诊室：45分钟价值200美元的情感攻略（合计：4200美元）

“钱和性是情侣交往中涉及信任和亲密的两个最基本的问题和指标。我的客户总是问我钱和性的问题。处理钱的方式涉

---

① mi casa es su casa，我家就是你家，西班牙语，热情好客的西班牙人（包括讲西班牙语的美洲人）用来欢迎客人的话。——译者注

及信任和权力。有些情侣会有联合账户，他们达成共识，你可以买几百美元的衣服，但不能自己去买辆新车。对于我来说，这意味着尊重和权力的平衡。但是还有些情侣各自有各自的账户，另外还有个联合账户用来支付共同的开销。如果你存你的钱，他存他的钱，那么失败就不可避免。”

女人新主张：DIY调教好男人

1. 分摊费用。

2. 在认真考虑前，想想钱和你的目标是什么。

3. 偷偷摸摸地去买衣服吧。（因为，坦率地讲，这比争吵要容易。）

4. 如果你挣得多，不要让他感到不舒服。钱对于男人来说有关尊严。理解这一点。牢记这一点。

第一时间揭示男友/丈夫

成 绩 单

（随时可以通过邮件发给你的伴侣！）

他表现出积极上进的姿态吗？

A B C D

他为自己的手艺自豪吗？

A B C D

他具有较强的逻辑思维能力吗？

A B C D

他会选用恰当的词语吗？

A B C D

他会通过细致观察获得信息吗？

A B C D

他会利用信息作出预测吗？

A B C D

点评：

第5篇 哼，死鬼

对于有些事情你无能为力。

如果你在恋爱，那么你就理应知道，它们实在很烦人。

44

是的，你确实打鼾了！

在和我交往的男人亲热之后，要是发现他是个打鼾者的话，我总会失望至极。首先，我并非真的介意。第一个晚上，我不介意。毕竟，和这个男人在一起我很幸福。但是我是那种需要8小时正常睡眠的女人。或许是我运气太差，我从没遇到过不打鼾的男人。我也从没遇见过承认自己打鼾的男人（尽管他们都打鼾）。

我知道睡觉会让情侣更亲密，但是真的，我无法忍受打鼾。我睡眠很轻，即使卧室门关着，我也能够听到楼下黑莓手机的振动声。所以想象一下我是如何睡在一个打鼾的男人旁边的吧。在床头柜的抽屉里，我放着耳塞、鼻夹，甚至少量安眠药。这些都是因为打鼾的男友。我还有个加湿器和噪音机。我向上帝发誓，我遇到过的男人没有一个不打鼾，包括我的弟弟，曾经我不得不和他睡在一个房间里。有一次父母晚上过来，看见我用枕头压着他。“他打呼噜！我睡不着。”（不用说，我父母随后给了我一个单独的房间。）

并非只有我讨厌打鼾者。（难道有人喜欢打鼾者？）“我必须抢先入睡或者真他妈的倒霉，”我的一个朋友说，“我得一整晚踢他。这会弄醒他，他会冲我发火：‘干吗？我被你吓破胆了！’我们会在凌晨3点发生争吵。最后，他到一个专家那儿，再次预约，他已然错过多次，但是从来没去过。他会在一周内特别留意打鼾。我都不知道有多少次我只能躺在沙发上看着无聊的电视度过漫漫长夜。”她抱怨道。

现在，我意识到你不可能“饲养”非打鼾者。但是你可以饲养一个勇于承认自己打鼾的打鼾者。我的一个已婚好友不和她丈夫睡在一个房间。我知道这个情况是由于她3岁的可爱儿子带我参观她家的新房时告诉我的：‘那是我爸爸的房间。我妈妈的房间在楼上。’我下楼后建议我朋友下次最好不要让孩子带人参观了，“他老是喜欢强调爸爸和妈妈不睡一个房间。”我的朋友睡眠也很轻。她丈夫——就像你猜到的那样——是个打鼾者。

男人的一大问题就是永不承认他们自己打鼾。“我没有打鼾！”他们会说。我会反驳：“你们确实打鼾了。我都听了一整晚了。”老实说，我只是想让他们承认打鼾。就是这样。

45

你是想冻死我吗？空调大战一触即发

当我醒来时，我不知道自己是死是活。我太冷了，感觉自己被冰冻住了。我的鼻子被冻住了。我的手指和脚趾没有感觉了。我的前男友太爱吹空调了。他太爱吹了，以至于大冬天也爱开空调。现在，因为我有很多老年人的特性，除非室内外温度至少达到24度，否则我会感觉不舒服。“冷一点儿的话睡得更好。”他总是这样告诉我。“是的，因为我可能已经冻死了。”

我认识的大多数女人总是比她们的男友或丈夫要怕冷。当我和孩子她爸住在一起时，我们有台空调可以控制温度。他喜欢调到20度。而我喜欢定在26度。他会降下来。我会升上去。“你还要调高吗？”他问。当然我说谎了。他很困惑不解，就像他所说的他想不明白它为什么总是无缘无故地温度上升。（是的，是因为我调的才上升的。）事实上，他请了个专家来固定住，这样就没法调了。无论如何，当你总是觉得冷时，你很难与某些人共处，特别是在晚上。我必须穿保暖内衣——是的，保暖内衣——来取暖，外面还要裹上3条毯子。如果我调高了温度，他就会对我大喊大叫：“好像在泡温泉！都出汗了！这样我怎么睡得着？”是的，好吧，你觉得穿上保暖内衣，外面裹上几层毯子去睡觉会舒服吗？我觉得男人身上有体毛，所以这让他们更暖和。或者更普遍的，他们脂肪更厚。

“我讨厌空调，”我的一个朋友说，“我讨厌车里的空调。我讨厌家里的空调。我觉得空调让我受凉。”当他们一起开车时，她丈夫打开空调，她就会摇下车窗。这是他们相互妥协的结果。当然他们俩对此都不满意。

通常，我更喜欢让男友睡在我的地盘。（我该说什么呢？我的床更舒服，而且我想在自己的房子里醒来。）自从我有了女儿后，能在我屋里睡着的男友少之又少。我的一个前男友睡不着，他抱怨我的屋子里太热了。我告诉他空调坏了，但我“明天”会去修。我会去吗？当然不会了。我喜欢热一点儿。就这么办。

后记

没有了铅笔，
没有了书本，
没有了相貌影响市容的男友！

你真的可以“饲养”男友吗？你真的可以“饲养”丈夫吗？你真的可以“饲养”任何一个男人吗？对此我深有体会：和我约会的男人正在和一个面貌一新的（饲养经验更老到的）女人交往。和不同的女人见面或聊天让我收获良多，我深信，你完全可以“饲养”男友或丈夫。但是就像“饲养”小孩一样，这需要足够的耐心。在对待男人方面我深知没有耐心万万不行。毕竟，让我的女儿学会阅读需要耐心。让她睡在自己的小床上需要耐心。教她任何事情都需要耐心。当然，“饲养”男人也是件饶有趣味的事情。现在我可以大胆地嘲笑男人的无礼之举。不能因为我不会大笑，就非得痛哭。我嘲笑他们是因为他们的无礼，而我的无礼是为了改变他们的无礼，真是有趣极了。而现在，我知道我并非一个人在战斗，我并不是和无礼男人为伴的独苗。

在某个时期，我确实想知道为什么这么多女人在交往中能够这么容忍狗血的事情。但是我也绝不放弃，我希望其他女人也是。我不会放弃教我女儿看时间，我不会放弃把她培养成为社会中有所作为的一分子。我不会放弃教她系鞋带。那么我为什么要放弃“饲养”男人，让他们养成自我清理或给予我赞美的好习惯呢？我也知道对女人重要的对男人不一定重要。我现在时常会提醒我自己。我还学会如果你真的坠入爱河，而且这个男人真的值得守候，那么好事和坏事你都要面对。而且，你知道吗，坏事并非总是这么糟糕。

情感问诊室：45分钟价值200美元的情感攻略（合计：4400美元）

在“饲养”男友或丈夫上，弗洛伊德并不像我一样乐观。尽管他认为，从理论上说，作个尝试也没啥坏处。“一些男人只是想找个妈妈或保姆，一些女人发现自己正陷入这个角色。无论是男人还是女人都应该知道保姆角色和伴侣角色的差别。”弗洛伊德说，“也许，有些男人就是无法‘饲养’。”但是只有你自己才能弄明白你的男人是否需要饲养，是否值得这么做。

我的好友说男人可以“饲养”，除非涉及“底线”。交往中的每一个人都有“底线”。如果那个家伙不说“谢谢”是不是你的底线呢？或许不是。但是如果他不说“谢谢”，不称赞你，而且总是姗姗来迟，并丢下你一个，或许这是你的底线。

在某些情况下男人不能或者不值得去饲养，你最好早点儿发现。我给你举个例子。我有一个35岁的朋友，和一个男人谈恋爱谈了将近10个星期了。有天晚上他们外出吃饭，他突然跟她说：“我们好像从没讨论过，我从没想过再婚，而且我也不想再要小孩了。”我朋友放下餐叉说：“好吧，这顿饭到此结束。”她告诉他再也不要打电话给她。她想要结婚。她想要小孩。那是她的底线。你无法“饲养”这样一个男人，因为那是他的底线，他不想要这些东西。

即使男人不喜欢“饲养”这个想法，至少他们也该承认这不是最坏的主意。“男人当然可以像小孩一样‘饲养’。这就是女人存在的原因。这个过程并非一蹴而就。事实上，这个过程可能会很艰难。但是男人无疑是需要‘饲养’的。如果放任不管，他们会成为一群狼。”我的一个前男友说。

就像海伦娜说的：“他们可以‘饲养’，但是必须在一定程度上。你可以训练他们不要那么粗线条、大大咧咧。但愿等到你真的‘饲养’他们时，你仍然对他们兴趣盎然。”

我喋喋不休地谈论并揣摩男女关系已然好几个月了——好的、不好的、丑陋的——我仍然回到了最初的结论：一切都可教，一切都可学。所需要的只是耐心。而且请记住：成绩单每年并非只递过来一次。一个学年通常会有3个学期[①]，所以会派发3张成绩单。别着急，耐心一点儿。“饲养”男友需要一个过程。或许几个月后，到了第三学期，你的男人的学识、进步会令你大吃一惊。或许你也会惊讶地发现，你竟然成为这么出色的一个老师了。到时你可以重新读读这本书，你会发现你的答案和观点已经悄然发生改变。那会是多么令人兴奋的一件事啊！

现在，我要离开了。我得告诉女儿她不能把滑板放在屋里，然后我还得给男友打电话。我的女儿显然值得“饲养”，而且这次，我觉得男友也是如此。我是个乐观主义者。所有能教的都是可以学会的。而且不是我自夸，我和女儿已经完成了一项非常棒的工作。我就是她的学习榜样。我知道就算等到她开始约会了，我生命之中的男人也会始终如一地达到或超过预期。我料想他是不会差于我的，当然也不会差于我女儿。

---

① 国外有些学校一个学年会有3个学期，国内学校一般是两个学期。——编者注

《男人来自火星，女人来自金星：精华漫画版》

[美] 约翰 · 格雷　著　张惠仪　译

中信出版社2011年8月出版

一本女人的救命稻草，男人的沟通圣经

奥普拉此生最推崇的两性专家约翰 · 格雷博士作品

全球两性经典，尘封10年，精华漫画正版首次登陆中国

《男人来自火星，女人来自金星：精华漫画版》的内容来自于约翰 · 格雷博士两性关系的经典理论，配以幽默的卡通插画，通俗易懂而又内容精练，是约翰 · 格雷博士思想体系的核心与精髓所在，读这一本书相当于读完他的全部作品，几乎所有的两性问题都能在这本书中找到最完美的答案。

《重拾真爱》

[美] 约翰 · 格雷　著　张惠仪　译

中信出版社2011年4月出版

每个人都可能遭遇失恋、失婚，当亲密爱人离你而去时，如何尽快走出困境？

《遇见未知的自己》作者张德芬、《女人不狠，地位不稳》作者曾子航倾情推荐

80%的人都至少经历过一次失败的恋情，而35%的人却需要用一辈子来疗伤。《重拾真爱》已经帮助数以亿计的人们重新找到了爱情，也一定可以让你获得一个全新的、更加幸福的人生！《重拾真爱》是约翰 · 格雷博士发自内心最想写的一本书，是他给世界上所有人的一份礼物。

《365天亲密志：一份精心制订的性爱计划》

[美] 查拉·穆勒　贝齐·索普　著

2011年6月出版

每个成熟女人的内心深处，对性福都保有一份激情

这是一份只有妻子才能送给丈夫的生日礼物

满载着一位普通家庭主妇的浪漫情怀

一年365天翻云覆雨——这份精心制订的性爱计划——就是本书作者查拉送给40岁丈夫的生日礼物。这份大胆又颇具创意的性爱礼物不仅是丈夫40年来收到最好的礼物，更让查拉日渐单调枯索的婚姻生活旧貌换新颜。

这本书提倡婚姻中夫妻双方身体的亲密与心理的亲密是相辅相成的，把生活的重心放在和伴侣的关系上，幸福会逐渐生长蔓延到生命的各个角落。

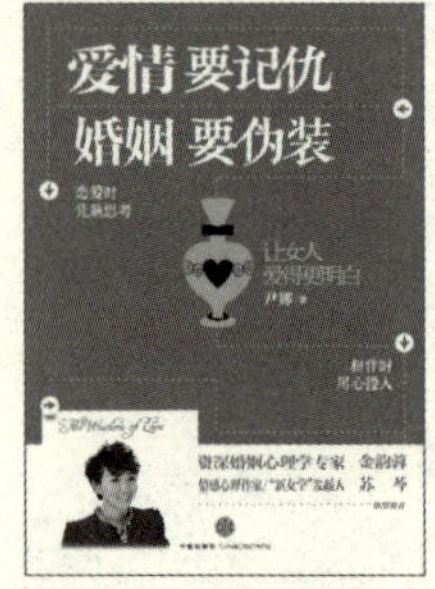

《爱情要记仇，婚姻要伪装》

尹娜　著

2011年10月出版

爱情中，有时信任比真相更重要。

恋人忽略我们的感受，是因为我们先忽略了自己。

恋人中最怕的不是性格差异，而是价值观的背道而驰。

这个世界上没有不会谈恋爱的女生，有的人恋爱谈得轰轰烈烈却很快熄灭；有的人用尽全力去爱，却吓跑了恋人；有的人一味隐忍，却爱得痛苦，分得决绝；爱情其实没有固定的模样，关键看你对待爱情的态度。

中信时尚生活系列

提升品质生活·阅读美丽人生

《坏女人有人爱》

[美] 阿尔戈　著　杨学梅，张素娟　译

中信出版社2010年1月出版

美国亚马逊网站长销大热门!

赋予女人绝对自信的爱情指导，中文版6年间32次重印。

为什么“坏”女人令人难以抗拒？因为她们难以捉摸，充满活力，外表绚丽而内心坚强，她们是有特权的女性，有着强大的实力，懂得如何在爱情的竞争中与男人成为平等的对手；她们既伶俐幽默，又锋芒毕露，却偏偏让男人们如痴如醉。本书奉献了既颠覆传统却又合理有效的全新见解，让女人们在大笑之余重建自信，轻松掌握驾驭爱情、获得幸福的魅力法则。

《不是男人的错》

陈屹　著

中信出版社2010年8月出版

一本独特的大众情感读物，真实地独白男人世界。

帮助女人“认识”男人，“辨别”男人，学会“爱”男人。

在本书中，美籍华人女作家站在中西文化交汇的高度，大胆剖析男女关系中的是是非非。她发现：当女人找到适合自己的男人时，她找到的是生命旅程的归宿；而男人找到适合自己的女人时，他在女人的世界中重新发现了自己。归宿与发现，结束与开始，形成了男女之间在思维上、言行上最基本的错位。

图书在版编目（CIP）数据

爱的麻辣教育：说说调教男人那点事儿/（加）埃克勒著；周习华译．—北京：中信出版社，2011.12

书名原文：How to Raise a Boyfriend

ISBN 978-7-5086-3139-4

I. 爱…　II. ① 埃…　② 周…　III. 女性－情感－通俗读物　IV. B842.6-49

中国版本图书馆CIP数据核字（2011）第231016号

爱的麻辣教育：说说调教男人那点事儿

AI DE MALA JIAOYU

著　　者：[加]丽贝卡•埃克勒

译　　者：周习华

策划推广：中信出版社（China CITIC Press）

出版发行：中信出版集团股份有限公司（北京市朝阳区惠新东街甲4号富盛大厦2座　邮编　100029）

（CITIC Publishing Group）

承 印 者：北京通州皇家印刷厂

开　　本：880mm × 1230mm　1/32　　**印　　张**：7　　**字　　数**：120千字

版　　次：2011年12月第1版　　**印　　次**：2011年12月第1次印刷

京权图字：01-2011-3930

书　　号：ISBN 978-7-5086-3139-4/G · 766

定　　价：28.00元

网　　站：http://www.publish.citic.com　　服务热线：010-84849555

投稿邮箱：author@citicpub.com　　服务传真：010-84849000